「シングル」で生きる

人類学者のフィールドから

椎野若菜 編

御茶の水書房

もくじ

韓国
日本
パプアニューギニア
マヌス島
パプアニューギニア
テワーダ社会
ポリネシア・クック諸島
マオリ

フィンランド
フランス
イタリア
ネパール
インド
グジャラート州
インド／ウッタル
プラデーシュ州
ルオの村
ケニア首都／ナイロビ
コモロ
ザンビア
トンガの村

はじめに――「シングル」で生きる

椎野 若菜

いま、日本でなにかとすぐふれられる「シングル」にまつわる世代や特徴、生き方を表す言葉たち――おひとりさま、アラサー／アラフォー／アラカン、草食系／肉食系、「非モテ」・・・etc. 自分はいま、日本のこの社会のなかで、なんていわれるカテゴリーにはいるだろう、将来はどうだろう。かなり多くの人が、自分と「シングル」について考える瞬間があるのではないだろうか。たとえば、自分は一人で何だってできるぞ、自由を謳歌して生きる、という大きな期待と希望をもって。また、一人のままで生きていけるだろうか、いつまで一人でいる人生なのか、という悩みをもって。一人になって自分の新たな人生を生きたい、その日はいつ来るのだろう、というストレスを抱えて。

パートナーとの関係の不安、パートナーがいない不安。人はだれだって基本的にひとりで生まれ、死ぬのである。でも人は「だれか」（単数であれ複数であれ）といい関係をもっていないと不安なのだ。だから、今の自分、あるいは将来の自分を考えたときにこうしたテーマに関心がでてくる。たとえ、ある人が孤立したくても、まわりが関係性をもとうとしてくるのが常である。それが多くの人間社会であり、人間関係が日々、生きた木の根のように四方八方に伸び、切れ、また新たに伸び、絡み合っていく。

そして、もうすこし視野をひろげて社会をみたときに、たくさんの疑問がわいてくるはず。日本で最近使われだした婚活、離活、非婚という造語や孤独老人、なんてことは世界中で話題になっているのだろうか。そもそもほかの国では、シングルってどんなイメージがあるんだろう。どんなふうにエンジョイしたり、どう扱われたり、悩んだりしているんだろう。

こうしたあなたの疑問に答えてくれるのは、あなたと同じ日本社会に居り、そしてほかの国で実際に人びとと家族の一員として暮らし、もしくは親しい友人としてともに悩み考え、楽しんだことのある人類学者だろう。その土地にいる人たちが何に悩んでいるのか、自分の境遇をどうプラスに転換する術を編み出しているのか。社会や親たちが決める定番の「生き方」にぶつかったり、経済的、政治的な要因で悩んだり、迷ったりしている様子は、その社会にある程度長い時間入り込んで、暮らしをともにしないと知ることはできない。お決まりのYes or Noの質問票、統計資料が示す数値だけではわからない、人間の複雑な生きる術と悩み。本書では、異なる文化をもった特定のフィールドと行き来する日本の文化人類学者が、土地の人びとともに暮らし、人間関係を丁寧に構築してきたフィールドワーク（実地調査）の経験のなかから、この「シングル」のことを日本の文脈、土地の文脈をふまえて考えていく。

自分が何者であるのか

自分がどのような人間であるのか、男なのか、女なのか、どこの出身か、歳はいくつなのか――ということは、もちろんフィールドワークに大きくかかわっている。これまでの人類学的な仕事は、そうした調査者の属性の影響や、調査者自身が調査地の人びととの関係のなかで感じている自分の居場所、あるいは調査地でどう見られているのかといった問題を、ほとんど表にはだしてこなかった。本書では、人類学者がフィールド（調査地）の人びとにどんな影響をあたえているか、どう見られているのかを人類学者自身が考え、「シングル」というテーマを自分にひきつけて書くことを企図した。フィールドにおけるエピソードを自己を前面に出して披露する、初めての試みでもある。すなわちそれは、読者への、人類学者の「告白」ともいえるかもしれない。

文化人類学、という学問は、自分が慣れ親しんできた地域、文化圏をとびだして異なる文化、土地に長期間身をおくことで、その「異なる」文化の理解にトライする学問である。その土地で地元の人びとと話し、ともに食べ、ともに出かけ、多くの時間を過ごすことで人びとの文化の「理解」に近い状態になることをめざすのが、人類学者である。そして、この学問のすばらしいところは、フィールドワークをとおして、人生について、生き方について具体的事例をもって学べることだ。異なる文化の人たちと生活しながら苦楽をともにし、ときに集中してインタビューすることで、その人の人生から、生き方を学ぶ。ともに暮らすことで、生活の知恵、また生死や性についても、自然と考えさせられる機会が多い。「シングル」につい

ても、しかりである。また、こちらが人びとが考える生き方について調査し学ぶ過程で、当然ながら、インタビューする相手も自分のことに関心をもってくる。直接に根掘り葉掘り聞かれることもある。それはまた、フィールドとしている社会で、自分はどのようにとらえられているのだろう、という自問にもなってくる。少なからず、自分はどう生きていこうか、どう生きていけるだろうかと考えさせられることになるのだ。だがいうまでもなく、「ひとり」である、「シングル」であるという問題が、個人の意志ではどうしようもない頑強な社会文化的基層、政治経済情勢にかかわってくるのも、否めない。

Singleという英語から輸入した「シングル」というカタカナ単語は、日本では、結婚していない人を意味することが多い。ただ、世界では結婚の意味も多様であり、日本をふくめ、現代は日々そのありかたや意味が変化している。結婚していても一人で暮らしていることもあれば、結婚していなくても誰かとともに暮らしていることもある。だから「シングル」という語ひとつとっても、さまざまな状況が想定される。だが、けっきょくは自分がどんな人たちと如何にかかわりながらどう生きるか、という問題に収れんしていく。さまざまな価値観、文化を生み出した人間の生き方の知恵を、フィールドにいた人類学者とともにあなた自身も本書から体験できること、まちがいない！

各エッセイの紹介

第1章　人類学者のフィールドから

人類学者それぞれのフィールドワークの現場、調査のプロセス、地元の人びととの長年の深いかかわりのなかで、「シングル」というテーマを通して自己の背景がどのように影響してくるのか描かれる。切っても切れない、研究と自己の問題があるのだ。

一夫多妻で離婚率がすこぶる高いアフリカ、ザンビアの女の子は、年頃になるとどう人生を選択していくのだろうか（**成澤徳子**）。フィールドでなんでも言い合う親しい女友達、ロータスが経験した妊娠と結婚のなりゆきを彼女とともに悩み考え、彼女を見守ることで、アフリカ女性の地位と生きる選択肢、すなわち既婚とシングルについて身をもって考えることになる。

つづいてのテーマは、筆者自身が大学院時代、男性の院生たちとも議論し考えてきた「もて」についてである（**田所聖志**）。差し迫った自己の問題としての経験と議論から、田所は「もて」と「シングル」という視点で、ニューギニアと日本について比較を試みながら、男としての生き方を考える。

そして章のさいごは、インドのヒジュラとよばれる、男性として生まれながら、去勢し女性の姿で女神に仕える人びとと生活をともにした女性人類学者のエッセイだ（**國弘暁子**）。フィールドワークをつうじ、自己と直面した経験をこまやかに告白し、そこからシングル、調査の対象、自分について考える。

2章　シングルから見える社会

イタリアには「シングレ」という語がある（宇田川妙子）。男女の別が名詞で表現されるイタリア語でなく、性別のない英語の「シングル」からきた「シングレ」という語は、伝統的な家族のありかたから外れた独身者を肯定的にとらえ、もとより独り者にたいし存在した差別観を一掃するべく生まれたという。独り者がより孤立しやすい状況である現代日本に、セーフティ・ネットの機能をもつイタリアの家族関係のありかたを通して、長年イタリア社会で友人関係を育み、人びとの目線で社会をみてきた筆者が大きなヒントを投げかける。シングレと一人は異なるのである。

つづいて移民社会、フランスのパリにおける家族、シングルのありかたが描かれる（植村清加）。家族のかたちも可変的で、法もそうした状況に適応し多様化を認め、日本よりも離婚率は高いが再婚率、出生率も高いフランス。故郷の伝統的思考を残した、あるいはそう思われている移民のあいだでも、フェミニズムをへた現代、個人それぞれが人生のある期間をすごす家族と子どもにも責任をもち、最終的には個々のシングルとして、他者とその都度、自然につながりながら生きている。

極めて単身世帯の多い北欧社会からは、日本の一般の感覚とはまったく異なる、ひとりの在り方についての各人の考え方、そして周りの受け止め方の事例が示される（髙橋絵里香）。同じ事象でも、社会によっての受け入れ方や考え方は驚くほど違うものである。筆者も調査ゆえに滞在しているとはいえ、孤独と戦いながらそこに「居た」ことをうちあける。だからこそ、フィンランドの人たちの生きるポリシーへの理

解につながっているのだと思われる。つねに人がかまってきて、ひとりになりたくてもなれない、一人になれるのは水浴びと用を足しにいく時くらいであった、私のフィールドであるケニア・ルオ社会と全く正反対である。

お隣、韓国の若年層はいま、経済的理由から独立や同棲生活はできず「強いられたシングル」を生きざるをえないという（**岡田浩樹**）。韓国にはいっけん日本と酷似している問題があり、理解しやすそうではあるが、そう簡単でもなさそうだ。現代の韓国のシングルを含む多様なライフスタイルは、その対極にある「オモニ」（母親）の存在の復権という状況をうみだした。とりわけ女性のシングルは、男性中心主義的な韓国社会において未婚、すなわち家族をつくらない、母性をもちえない、属する場がないゆえ墓も作ってもらえない社会の周縁に位置づけられてしまうという。

本章のさいごは、シングルのなかでも寡婦という、しばしばセクシュアリティの対象となりうる存在について扱う（**田中雅一**）。ある映画におけるインドの有名な寡婦殉死（サティー）、そして偏執的に寡婦への性のまなざしを描く日本のコミック、映画、カストリ雑誌やポルノ小説から「寡婦」を考える。男がつくりあげてきた都合がいい女、悪い女の像と、現代のシングルな生き方とはどんな関係にあるのだろうか。フィールドワークからメディア・ウェブ・コミックチェックまで得意なベテラン人類学者が、社会構造のなかのシングルのコアともいえる寡婦の地位を、文化を超えて表出させてみせる。

3章　別れの風景

別れと決断というプロセスがあってシングルという状況が創出されるケースとして、はじめにパプアニューギニアのシングルマザーたちを紹介する。マヌス社会のシングルマザーとは、女性にとって人生のなかのちょっとした特殊な浪人期間とでもいえる状況だという。未婚で子どもをもつことになった彼女らは、自らの権利を巧みに主張し元パートナーと戦い、生活／養育費を手に入れ、また家族親族の相互扶助のつながりのなかで、孤立することなく次なる人生のステップを目指し、明るく暮らしている（**馬場淳**）。

ポリネシア、クック諸島のラロトンガン・マオリ語には、夫や妻という存在を示す特別な語彙が用意されておらず、たとえば単純に男を意味する「ターネ」という言葉はボーイフレンド、夫をも意味する。（**棚橋訓**）。そしてアカポイポとよばれる、男女が社会的に特別なつながりを認められ共に生活する状態がある。それは、長年男女が互いを吟味する関係を経て、結婚をするかしないか決めるための社会的装置といえる。別れは女性からつきつけることが多く、また離別することは男の沽券にかかわる社会であるため、男にとって自分自身のふるまいが試される厳しい社会であることが明らかにされる。

アフリカ大陸の東南側に浮かぶコモロ諸島では、日本で最近いわれるようになった「離活」の方法がある（**花渕馨也**）。かつて日本では「三行半（みくだりはん）」とよばれた「別れの作法」に相当するといえようか、コモロ流ノウハウを具体例をもって教えてくれる。

ネパールでは、未婚女性／男性は家族とともに暮らし、とくに「シングル」と言われることも名乗ることもない（幅崎真紀子）。女性の場合、未婚と既婚とでは装飾品や化粧の仕方が明らかに異なるという。そして最近、寡婦となった女性が侮蔑的な意味をふくむ「未亡人」とも訳せる言葉を回避するため、「シングル」と名乗りだす変化がみられるという。これは、2章で田中の描いた文化、時代を超えて共通して存在する「寡婦」表象が、フィールドではどのように現れ、実践されているのかが見える、具体的事例にもなっている。

つづいて読者も気になる現代日本の状況――おひとりさま、アラフォー、アラサーなど主に二〇代から四〇代の女性たちに注目する言葉が創出された背景を、社会学の立場から、さまざまな文献にあたり、綿密な調査と分析から整理される（妙木忍）。主婦になることが当たり前であった戦後日本から、それは一つの生き方の選択肢にすぎなくなり、自分の生活、生き方に満足するキャリアのシングル女性が出現し、前向きにシングル女性が論じられるようになった言説の流れが明らかになる。

次に、アフリカ、ケニアのルオ人の村の女性と都市ナイロビで生きる女性たちを比較対照する。いま毎年のように高層ビルが増え、通信、IT等の発展もめざましく、大きな変化の渦中にあるケニアという、一つの国のなかにおけるシングル女性たちの処遇の違いを描く（椎野若菜）。村での生活が長かった筆者は、ケニア女性にある一定のイメージをもってしまっていたが、都市のエリート女性たちとつきあって、日本とそう変わらない話題でもりあがることにとまどう。村の女性の問題として進学率の低さ、家庭内における男女の発言力、権威の格差等あげられるが、都市の働く女性は、学歴、子ども、仕事も持ち、日本よりもはるかにのびのびとした生き方が感じられる。日本と異なり、女性をいきいきと働かせる仕組みとは何であろうか。

さいごの舞台は、インドのヒンドゥー教徒の村である（八木祐子）。モルギーとよばれる女性を物語り形式でおう。一九九〇年頃まで女性から離婚を求めるのは難しかった村で、モルギーさんは一八歳で結婚し三年ほどで自分から生家に戻り、決して夫の元に戻らず、街へ出る決心をして自立を始めた。彼女の生き方のプロセスには、女性の自立を可能にする社会変化の影響が明らかだ。さらに、彼女が「何で、結婚しないの」と問うと「世界で一番いい花婿をさがしてる」（二三〇頁）ときり返す、ユーコという外の世界を知る女性との出会いも大きいだろう。

現代日本社会における生き方をめぐる議論は、「既婚」か否かがひとつの争点になっていることは明らかだ。既婚を上位とする社会通念に、いつまで価値をおく基準をもちつづけるか、という問題にもなってくる――わたしたちはもう少し柔軟に、状況のさまざまな変化にあわせ、これまでとは「異なる」生き方についても、受け入れられるような基準を育てるべきではないだろうか。それは、もしかすると自分を解放することになるかもしれない。異なるものとの共存が、ごくあたりまえになるかもしれない。

日本の「シングル」の行方は旬なテーマだ。その「基準」を変えるのはいま本書を読んでいるあなた、ではなかろうか。人生を爽快に闊歩する女性たちから、なにか生きるヒントが得られるかもしれない。

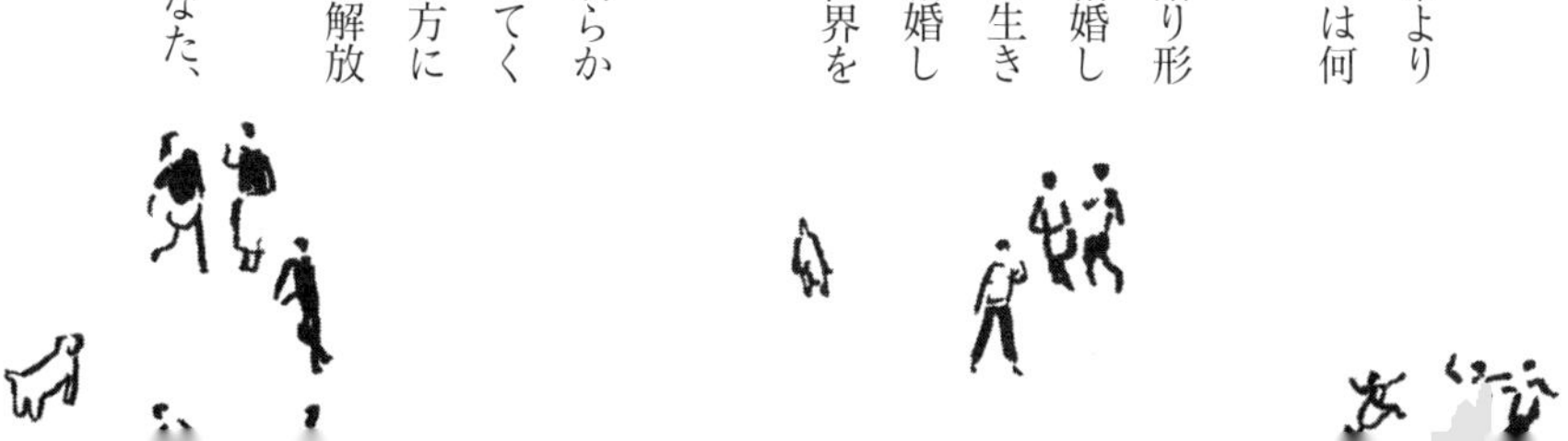

第１章
◆
人類学者のフィールドから

既婚とシングルの「境界」を行き来する女たち

ザンビア・トンガ社会

成澤 徳子
Narisawa Noriko

1　はじめに

アフリカ南部のザンビアに暮らすトンガの村で、私は八五歳になる老人ジョンの家族の一員として受け入れられ、調査で訪れる度に世話になっている。トンガは一夫多妻制で、ジョンにも二人の妻がいた。最初の妻とは死別し、三番目の妻とはジョンの「通い婚」である。現在、家長ジョンの屋敷地に暮らすのは、第二夫人とその子ども、亡き第一夫人の子どもを中心に総勢二八人である。村の長老として敬愛されるジョンには一つ、頭の痛い悩みがある。それは「娘たちがなかなか出て行ってくれない」ことだ。

トンガ社会では、結婚と同時に妻は夫の家族の屋敷地へと移り住む。男女を問わず生涯非婚率が限りなく低く、結婚して子どもを授かることが、一人前の大人として社会的に認められる条件である。だが結婚相手が生涯のパートナーとも限らない。離婚は頻繁で、離婚女性に対する偏見は見受けられず、再婚も容易である。再婚までのシングル期間、女性は両親や親族が暮らす故郷へと戻る。そのためジョン家にも、婚家から戻ってきたいわゆる「出戻り娘」がたくさん住んでいる。ではその「出戻り娘」たちのなかで暮らす、私の親友ロータスの話をしよう。

一七歳になるロータスは、二歳の時に父親を病気で亡くし、以来母親は再婚と離婚を繰り返している。そのため彼女は母方の祖母が暮らすこの家に引き取られた。だが祖母とその夫ジョンは高齢で、孫の教育費に手が回らない。そこで彼女は、村に赴任した女性教師のもとに身を寄せ、家事手伝いをして学校に通わせてもらっていた。村では、教師の家に住む子どもは誰でも学費を納めなくてよい決まりがある。

ところが久々にジョン家を訪れると、ロータスが「戻って来ちゃった」と照れ笑いで私を迎えた。彼女の女主人は長期休暇に必ず首都へ帰省するが、今度ばかりは「鬼の居ぬ間に洗濯」でもなさそうだ。

2　望まない妊娠

日曜日は唯一、畑仕事が休みの日。朝からおめかしをして、午前は教会、午後は地区対抗のスポーツ大会へ出掛けて盛り上がるのが、村びとの休日の過ごし方である。その日も、私は友人たちとサッカーの試合を観ていた。雨季明けの冷涼な風が吹き抜けるなか、名残雨が降る寒い日だった。試合半ばで体が冷え切り、皆より一足先に家へ戻ると、戸口に独りぼんやりと座るロータスを見つけた。

いつも陽気でおしゃべり、その賑やかな振る舞いで周囲を明るくする彼女の沈んだ様子に、どうした

主食のトウモロコシ畑を耕すジョン家の女性たち。一家総出の農作業では、家長の妻も息子の嫁も「出戻り娘」も、共に等しく働く（2005年、筆者撮影）。

のかと尋ねた。すると彼女は「人が大勢いる場所に行ける気分じゃない。人間、時にはじっとして、過去を振り返ることも必要でしょ」と、やけに大人びた口ぶりで答えた。私も腰を下ろし、黙って共に黄昏の庭を眺めた。彼女の考え事には、およその見当がついていた。

再会した当初、久しく見ないうちに太ったと、ポンポン触ってからかった彼女のお腹。しばらくして、妊娠の噂が耳に入ってきた。村びとの間では随分と前から、ロータスの妊娠は周知の事実となっていたようだ。私は本人の口から聞くまで、敢えて尋ねることはしないでいた。

「周りからどんなに問い詰められてもうやむやにしてきたから、自分から話すのは彼氏以外にノリコだけ」。そう前置きして彼女が秘密を打ち明けてきたのは、道案内をしてくれたある朝のこと。予定日に生理が来なくて彼氏に相談したのが四カ月前。ちょうど、高校進学にかかわる大事な試験の結果を待っていた時だった。試験に自信はあったが、合格の知らせを聞いた日、祝福する家族に隠れてひたすら泣いたそうだ。「あの時は、本当に自殺したい気持ちだった」。結局、翌月も翌々月にも月経がなく、妊娠を確信したと言う。「セックスはただの遊びだった。男女交際について学校でうるさく注意されるから、反抗心も手伝って。でもこんなことになるなんて、本当に馬鹿なことをした」。

女学生を妊娠させると多額の賠償金を支払う必要があり、自身も学生で認知したがらないなど、互いの親族を交えて揉めるケースも多い。だがロータスの場合、七つ年上の彼氏は結婚を希望し、特に彼の両親が嫁を強く望んでいた。彼女も常日頃、彼の訪問を心待ちにし、その顔を見れば真っ赤になって飛び跳ね喜んでいた。それでも彼女は言う。「結婚なんて嫌、独りで産む。半年授乳したら赤ん坊は祖母に預けて高校へ進み、長期休みの時だけ会いに戻って来る」。

結婚を望まないのには彼女なりの訳がある。「私は賢いから、兄さんより早く学校を終えて仕事を見つけられる。それで母を助け、兄さんの就職先だって用意してあげられる」。ロータスの四つ年上の兄は叔父から学費の援助を受け、「女は早く結婚しろ」と親族から学業への理解を得にくい彼女に比べて恵まれてきた。だが成績優秀な妹に対し、兄は勉強が得意ではない。すでに二人の恋人を妊娠させた未婚の父である。「兄さんと前後の席に座り、答案用紙を交換してあげた。おかげで彼もやっと試験に通ったけど、自分の結果が届くまで寝込んでいたの」。

兄と揃って迎えるはずだった高校新学期の前日。真新しい入学準備品を抱え意気揚々とする兄を、ロータスは遠巻きに見つめていた。翌朝、兄は家を後にした。彼が寄宿舎で空腹に悩まぬようにと、彼女が黙々と炒り用意した大量のラッカセイを手にして。

大勢の村びとが祝福するなかを、神妙な面持ちで歩む花嫁。ウェディングを挙げられるのは通常、経済的に余裕がある家の子で、かつ「正しい」手続きを踏んだカップル（2006年、筆者撮影）。

3　シングルマザーの暮らし

「出戻り娘」の実家暮らしは一見、優雅そうだ。ジョン夫人が家事を手伝うよう大声で呼ぶと「今、手が離せないの」、「ちょっと頭痛がして」などと言い逃れる彼女たちの態度は、すぐに飛んで行く嫁たちに比べて随分と大きい。なかなか子どもができず、毎日こっそり伝統薬を煎じる若い兄嫁に比べ、夫がいなくても子どもがいる彼女たちの方が堂々としている。婚家では自分の時間が持てず参加できなかったスポーツクラブの練習にも活き活きと出掛けるといった具合だ。

だが彼女たちは、夫の浮気や夫を同じくする他の妻との不和など様ざまな事情の末、現在この家に暮らす。二〇歳以上の女性九人のうち、五人が「出戻り」である。他方、夫人を含め四人の既婚者のうち三人も、未婚の母や離婚シングルマザーの経験を持つ。この社会では子持ちの場合、既婚とシングルの社会的な違いは曖昧で、女性たちは生涯でその低い「境界」を行ったり来たりしているようだ。では、ジョン家の「出戻り娘」のうち、ナソとダリアの事例から、シングル時の女性の暮らしを見てみよう。

シングルという「選択」

ナソは三七歳、ジョンと亡き第一夫人の娘で、私が寝起きする居候先の家主である。五歳の時に首都に住む姉の家へ出され、家事手伝いをしながら学校に通った。以後二〇年、ずっと都市で暮らしていた。大学を出て結婚し、仕事と子育てを両立させて忙しくも順調な日々を送っていた。そんな折、留守宅に夫が女性を連れ込んだ。激昂したナソは、夫の衣類に火を放ち、家財道具一切をトラックに載せて帰村した。それから一〇年以上が経つ。隣国に転勤した夫が、妻子を迎えにやって来たことは一度もない。

村の女性の間では珍しいズボン姿がトレードマークのナソは、家でじっとしていることがない。短期契約で農業普及員やエイズカウンセラーをし、教会やスポーツクラブの活動でも女性のリーダー的存在だ。そのため村びとや家族から時に頼られ、時に「利己的」や「母親失格」などと批判される。

ある日、ジョンが町から小さなお客さんを連れ帰った。「伯母に会いに来ました」と、十歳に満たない姉弟がすまし顔で答えた。彼らは学校休みを利用して初めて遊びに来たが、肝心のナソは出払っていて、ジョンは声を荒げて彼女の所在を尋ねて回った。そんな行方知れずのナソをロータスが非難した。「この時間、普通は家で夕飯を作っていないといけない。誰にも行き先を告げていないのも問題。まるで、恋人のもとにお忍びで通う男性のようだ」。そこで私が「いつもズボン姿で日が暮れるまで動き回っている私も男みたいよね」と冗談めかすと、「ナソよりマシ。ノリコは料理の仕方を知らないし、第一、夫も子どももまだいないのだから」と真顔で返されてしまった。日暮れ時にようやく帰宅したナソは、友人宅で食事をご馳走になり満腹だと笑顔だった。「ほら、家事をほったらかし自分だけ食べて来ちゃうなんて、やっぱり男」。ロータスが呆れ顔でささやきクスクス笑った。

ナソが「女のくせに」と陰口を言われるのはいつものことだが、予期せぬ来客のおかげで非難を浴びた彼女が気の毒に思えた。町で夫と共働きのうえ乳飲み子を抱える妹が子どもをよこしたに違いない、忙しくなり大変だろうと思っていた。だが聞けば、ナソのほうから携帯電話で妹に頼み、子どもたちを

呼び寄せたそうだ。「畑仕事でくたくたに疲れて、誰もいない家に帰って来た時、ふいに孤独を感じるのよ」。一匹狼で強気なナソがふと漏らした一言で、私は彼女をより身近に感じるようになった。

五歳の末娘と二人住まいのナソは、「村ではまともな教育を受けられない」と、上の子どもたちを首都や隣町の姪の家に預けて学校に通わせている。彼女にとって子どもは貴重な労働力ではあるが、学費は姪たちが負担してくれる。彼女は常々、「人生は難しい。教育は何より重要」と子どもを諭している。

農閑期に余暇を楽しむ女性たち。庭先に集っては髪を結い合い、おしゃべりに興じる（2008年、筆者撮影）。

末娘の父親であるナソの彼氏は他村で妻子と暮らし、週に二度ほど通って来る。ナソが彼のもとへ嫁がない訳は「兄弟が遠くにいて、亡き母の家を守る者が他にいない」というのが建前だ。彼の妻は、もとはナソの大の親友だった。ナソは彼と支持政党の選挙キャンペーンで各地を回るうち親密になり、子を身籠った。食糧配給所に集った大勢の人の前で彼の妻に何発も殴られ、ただ泣いていたそうだ。

「ナソはもともと彼氏のことを、『五本指で歩くような男（靴を履いていない、みすぼらしい貧乏人の意）、私は絶対に御免』と周りに吹聴していたの」。ロータスがナソの過去について語った。「彼がナソに貢いでいたのは初めだけ。彼には他にも恋人がいるし、ナソは妊娠のおかげで普及員の仕事もクビ。バイクを乗り回して働いていた頃は贅沢な暮らしをしていたのに、三台あった自転車も何もかも売り払ってしまった」。叔母と自分の未来を重ねて、ロータスが続けた。「結婚なんてしたら、私の彼は大学で新しい恋人を見つけ、私はたくさんの子どもと村に残されるのがオチ。そして彼が病気を持ち帰ることが何より怖い。ザンビアの男って本当に信用できない。すぐ心変わりしてしまうものよ」。

ナソのようにはなりたくないと語るロータス。一方で当のナソは、「今の彼？　あの人のことは好き。でもそれだけよ！」と、私に明るい笑顔で言い切る。

ナソは近年、村びとが農作業を休む乾季も畑へ出て、野菜栽培を始めた。収穫物を町の市場《いちば》へ売りに出る彼女をロータスがまた「もし私が彼女のように高学歴なら、毎週町までトマトを売りに行くなどできない」と皮肉った。確かに、都会のオフィスでパソコンに向かって働いていた大卒のナソが、学歴のない女性たちに並んで必死にトマトを売る姿がしっくりこないのは無理もない。

末娘と、新たに病気で出戻ってきた姉、そして居候の私は、畑に出っぱなしのナソに代わって、第二夫人の側の「出戻り娘」たちに食事や介護でよく世話になっていた。さらに、ダリアというジョンの姪がしばらく滞在することになってから、ナソは彼女に我が家の家事を任せきりとなった。

寡婦の胸の内

ダリアは、ある日突然、奥地の村から何時間も歩いてやって来た。三九歳の彼女は夫を病気で亡くしてから、亡父の家に子どもたちを連れて戻り、母や未婚の弟たちと一緒に暮らしていた。だが近頃、弟の一人が病の末に家庭内暴力を振るうようになったため、子どもを学校近くに住む夫方の親族たちに分

けて預け、自らは伯父ジョンのもとへ避難してきた。そんな事情を当初聞かされていなかった私が、葬式から帰って覚えたての歌を口ずさんだ時、病気の弟を思い出したのか、ダリアが突然泣き出した。彼女をナソが家の裏手で慰めるのを見て、私は訳が分からずも罪悪感に苛まれたことを覚えている。

我が家で食事を食べ終わるのは、働いていた頃の「男社会」癖が抜けないナソが一番、私がその次で、ダリアは決まってビリだった。おかげで以前はせわしなかった私たちの団らんが、村ののんびりとした時の流れに同調し始めた。食後に、食事の際の手水で皿の汚れを拭うダリアの仕草も、汚れた調理道具をハエの巣窟にしてしまうナソと暮らす私には新鮮だった。

ダリアは子どもの学費を稼ぐため、遠くの村から安く仕入れたトマトを売り始めた。その姿を見たロータスが「口達者なナソの売り方とは全然違う。売れないのも無理ない」と批評する通り、彼女は必ずしも商売上手とは言えなかった。だがトマト売りの合間に、赤ん坊の帽子や靴下を毛糸で編んで村びとに売ってもいた。就寝前も、蝋燭の灯を頼りに黙々と夜鍋をしているようだった。そうして日々こつこつと稼ぎ、家事にも抜かりのないダリアは、お手本となる女性として、ロータスをはじめ若い女性たちから親しまれていた。彼女と過ごす穏やかな時間はまた、私にとって心の安らぐものであった。

「お前と子どものために家を建てるから、いつでもここに移って来なさい」。ジョンの言葉を胸に、ダリアは年老いた母と子どもを気に掛け自分の村へと戻って行った。その後、風の便りでは、彼女は町の市場《いちば》に単身寝泊りし、町食堂では食べられない村の伝統的な食事の調理販売を始めたそうである。

4　妻であり、母であること

「お前は本当にノリコのことが好きだから、彼女のような赤ん坊を産みなさいとナソから言われた。実は以前、祖母にも全く同じことを言われた」と、ある昼下がりにロータスが教えてくれた。それで、女の赤ん坊なら私の名を付けると言い出した。私は気恥ずかしさから話題を逸らしたが、慕ってくれる彼女の気持ちは嬉しかった。利発で明るいロータスには、私以外にも男女を問わず多くの友人がいた。だが学校に行かなくなって同年代とのコミュニケーションが減り、祖母のもとに身を寄せる不安定な立場にもあった彼女は、噂好きの叔母たちのなかで、気の許せる相手が身近に欲しかったのかもしれない。好奇心旺盛な彼女は、まだ見ぬ世界のことを私から聞き出すことが好きで、私もまた彼女の経験から、この社会に関する多くのことを学んだ。歳がひと回りも違う私たちは、未婚者同士、しばしば女子トークに花を咲かせては、夜更けまで語り合った。

そんなある日、首都での調査から戻るとロータスの姿が見当たらない。聞けば、彼氏の家に出掛けたきり、もう四日になるという。「最近、彼が訪ねて来ないと思ったら病気らしい。週末にこっそり様子を見に行くから必ずついてきて」と、首都に発つ前に彼女から頼まれたことを思い出す。

後で聞いた話では、彼氏の家を訪ねた日、彼女は葬式に出掛ける彼の母親に頼まれた仕事に追われて日が暮れた。翌日は彼の父親が不在、翌々日は彼自身が不在で帰すわけにはいかないなどと引き留められるうち、数日が過ぎてしまった。彼の病気も仮病で、全ては結婚を望む相手側の策略だった。

ようやくロータスを連れてやって来た彼氏の母親に、祖母が告げた。「どうぞ、孫娘を連れ帰ってください」。その瞬間、ロータスは顔を上げ、歪んだ表情の私を見遣り、努めて明るく言った。「お産の時は必ず戻るし、またすぐ会えるから。でも形見はもらっておく。あの素敵なサンダルでいいわ！」。

結婚を先延ばしにすると、妻をすでに何人も持つ男性のもとへ嫁ぐこととなり苦労するからと、祖母は常々、彼女に結婚を促していた。それでもジョン夫妻は、本人が望まないのなら仕方がないと寛容な態度をとってきた。だが今回の件で事態は動いた。「やはり結婚して、子どもが大きくなったら旦那に高校へ行かせてもらいなさい。彼は大学を出たらお前を支えられるが、私たちには余裕がない。ゆくゆくは、私と彼が折半でお前の学費を援助するから」。祖母の言葉に心を決めざるを得なかったロータスは、腰巻布一枚に身の回りの持ち物を包んで背負い、義母に連れられて行った。それが、彼女の結婚だった。

婚家に暮らして

ロータスと再会したのは、ジョンが体調を崩して入院した時だった。結婚してひと月、もう随分と大きなお腹を抱えた彼女が、夫の自転車の後ろにまたがり診療所へやって来た。その手にチブワントゥという、トウモロコシと野生植物の根を用いて作る飲み物を提げている。病気見舞いや畑仕事にもってこいのチブワントゥは、伝統儀礼や寄り合いにも欠かせない。義母に習い自分で作ったと得意げに味見を促す彼女は、「すごいじゃない、もう一人前のトンガ女性ね」という私の嘆声に、はにかんで笑った。

「変わったのは、日中に昼寝や水浴びをする時間がないことくらい。前より忙しいけど順調」と、あれだけ嫌がっていた結婚生活は満更でもない様子。大工の義父は寡黙で穏やかな人。義母から任される仕事は大変だが、お腹が大きいことにも配慮してくれる。「そうそう、深刻な問題が一つだけあった。肉が滅多に食べられないのよ！」。婚家では宗教上の理由でブタ肉はタブー、ウシやヤギも病死のものは口にできない。食いしん坊の彼女らしい発言が愉快で、「それは大問題！」と私も調子づく。

女の井戸端会議にしびれをきらして近くの雑貨店に向かう旦那を、彼女がすかさず呼び止めた。「チブワントゥに入れる砂糖は、袋買いしないで小分けで買ってよね。残ったお金で、私のローションなんかを買いたいから」。だが彼は、義祖父の見舞いにそんなセコイことをできるはずもない。せがむ妻を苦笑いで振り切り、案の定一キロ袋を携え戻ってきた。「しっかり女房」がすっかり板についたロータスの様子に思わず笑ってしまったが、新妻にも言い分があるようだ。「嫁ぐまで知らなかったけど、お義父さんは自分の稼ぎを一銭も家に入れないの。だから一〇人家族の食費や日用品の購入費は全て、夫が賄っている。結婚って、実際は色々と大変なものよ」。彼女は独身の私に先輩風を吹かし、溜息をついた。

ロータスの夫は、彼の兄弟で唯一の甲斐性者である。父親譲りの大工仕事の腕前は評判で、高卒のためＮＧＯにも雇われている。ソーラーパネルを備えた家に住んでいるのは、彼を除けば学校の教師くらいだ。そんな「デキる男」と結婚したのだから、多かれ少なかれ、彼が家族を助けなければならないのは予想がついた。「若いのにしっかりした旦那さんじゃない」。この時私はまだ、大変だと言いながらも幸せそうな彼女に、笑顔でエールを送っていた。

だがそれからひと月後、新婚夫婦の間には早くも、以前とは違う重い空気が流れていた。私は家での

愚痴を聞いて欲しくてロータスの婚家へ出向いたが、彼女の方が先に、暗い顔で切り出した。夫に、妊娠させた恋人が別にいることが発覚したと言う。「浮気だけでも到底許せないのに、莫大な賠償金に加えて、私の赤ん坊のために買い揃えた毛布やベビー服さえ半分、相手の女のところへ持って行くと言うの。信じられる？」。聞かされた当初は散々泣いて、怒鳴り散らしてやったそうだ。「犬を追いやる時に使う汚い言葉で私に罵倒されて、彼もさすがに応えたみたい。だけど、それをまたいちいちお義母さんに告げ口するの」。思い出したらまた興奮してきた様子で、夕陽に染まる彼女の顔が一層赤らむ。最終的に義母が仲裁に入り、衣類を差し出すよう彼女を諭したそうだ。以来、ロータスは夫への不信もさることながら、義母のことをあまり好く思っていない。

母子の「誕生」

初産は実家で行うのがトンガの慣わしである。「お義母さんが旅先から戻って来るまで、帰らせてもらえなくて」。出産予定日の一週間前にようやく、ロータスが姿を現した。ベビー服が詰まった大きなトランクを頭に乗せ、パンパンのお腹を抱えて独りゆっくり歩いて来た。「相変わらず無精者ね。女の子なのに、まったく」。彼女は従妹に小言を言いながら、泥土で壁や床をせっせと塗り替え、清潔な寝床を確保した。妊婦は陣痛が始まる日まで、大抵の家事や畑仕事をこなすのが普通だ。「やっぱり実家が一番。戻るのやめちゃおうかな」とこぼしつつ、幼い異父妹をあやす彼女は、穏やかで優しい母の眼をしていた。

数日後、ロータスが明け方に無事出産したと知らされたのは、すでに陽が真上にさしかかった頃だった。慌ててかけつけると、彼女は小さな毛布の包みを安らかに見守っていた。私の顔を見て気まずそうに口を開く。「ずっと約束していたのにごめんなさい。実は叔母たちが呼ぶなと言ったの。今朝、ノリコの声が聞こえた時、叔母たちが私は入院してここにはいないと嘘をつこうって相談していたわ」。

立ち会いを希望していた私が、呼ばれなかったことを知り怒るだろうと、誰もすぐには言い出せなかったのだろう。彼女の子が生まれてくることを誰よりも楽しみにしていたのにと、私は疎外感でいっぱいになった。だが出産に立ち会う人は、お産ベテラン女性に限られる。男性は無論、未婚女性も同居の姉妹などを除いてその場に居合わせることはない。そう考えると、私は何より「子どもを産んだことのない女」として、一線を引かれる立場なのだろうと納得した。自身の半人前さを痛感した出来事だった。

「私に似て色白で美人ね」と、慣れない手つきで赤ん坊を抱き上げる私に、「ねぇそうでしょ。お見舞いに来てくれる人、皆そう言うのよ」とロータスが笑った。彼女が安静にしていたのは初めの二、三日。新米ママは英語のハウツー本を片手に授乳とオムツ洗いを繰り返し、子育てに奮闘中。ベッドの下には、赤ん坊の入浴剤や飲み薬となる木の根を用いた伝統薬もしっかり常備されている。「宗教上の理由で伝統薬は使うなって、旦那さんが言っていなかった?」「でも祖母にまた勧められたし、私も使う方が良いって判断したの。ところで、ここの英単語わかる?」。

お産からひと月が経ち、赤ん坊を少しずつ外へ出せるようになった頃。ロータスは「帰りたくない、もう少しここにいる」と、迎えにやって来た夫を追い返してしまった。私はそんな彼女と、「ノリコ」と名付けられた赤ん坊を村に残し、帰国の途についた。

5　おわりに

私は調査で訪れる度、相変わらず「身勝手な理由」で独り身でいることを、「父」「母」と呼び長らく世話になっているジョン夫妻にとりわけ案じられている。一方ロータスは、理想と現実に揺れながら、少女から女性へと成長していった。トンガの社会で女が一人前になるということは、結婚して「つがう」ということだけではおそらくない。女性たちは、親族や地域社会のネットワークのなかで逞しく漂々と生き、子どもを産み育て自らも成長していく。この先、たとえ夫と別れても、高校を出ても出なくても、町へトマトを売りに行くロータスの姿が私には容易に想像できる。

シングルマザーになっても、緩やかな規範のなかでやり繰りしてしまうトンガ女性は、既婚とシングルの境界が明確な日本の女性よりも、人生の選択肢の多い社会に生きているのかもしれない。だが文化や社会の違いを超えて彼女たちから学べることは、シングルであろうとなかろうと、将来起こり得る様ざまな問題をまるで織り込み済みかのように、予測不可能な人生を前へ前へと切り開いて生きる力強さである。

「子どもできた?」、「何より卒業を先に?　またそれか」、「もうここで結婚しろ!」と、さも不思議そうな顔をしつつも、トンガの人びとはまた私を温かく迎え入れてくれるだろう。はるばる日本からも「娘」が戻って来るようになってしまった。まだしばらく、ジョンじいさんの悩みは続きそうである。

ニューギニアの「もてない男」

田所 聖志
Tadokoro Kiyoshi

1　はじめに——なぜ「もて」について書くのか

私は、ニューギニアの男性が、女性から好意をもたれること、すなわち「もて」という現象にどのように向き合っているのか考えてみた。

そんなことを考えるようになったのは、二〇〇〇年に小谷野敦氏が出版した『もてない男』を読んでからだった。当時、大学院生だった私は、三人の男の院生仲間と一緒に回し読みし、それぞれが付箋をあてて、感銘を受けた件《くだ》りについてあれこれ話しあった。そのとき、私たちが共有したのは、「もてないことをまじめに考える人がいるのか」という素直な驚きだったと思う。同時に、私の頭に浮かんだのは、「男がもてたいと思うのはなぜだろうか?」という素朴な疑問だった。

だから、私は、辺境地域の親族と政治のあり方を調べるために二〇〇二年から二〇〇四年までニューギニアに行ったときも、どこか「もて」が気になっていた。日本に帰ってきた後、小谷野氏が二〇〇五年に出した『帰ってきたもてない男』を手にした。そして、「ちょっと残念だったのは（中略）、若い書

き手が、『俺ももてない、しかし小谷野とは違った風にもてない』というような本を書いてくれなかったこと」（九頁）と書かれているのに気づいた。また、二〇〇五年に本田透氏が『萌える男』を出し、「もてない」男性の選択として、ある種の開き直りにも近い、ゲームやアニメのキャラクターとの恋愛関係や家族関係を構想していることも知った。

「もてない男」といっても、通り一遍のイメージで語れないと私も思う。ニューギニアで私が住んだ村にも一人、結婚しないまま年を重ねた男性Mがいた。日本にいる今振り返って彼のことを考えたら、どのようなことが言えるだろうか。ニューギニアの男性は、どう考えるだろうか。そんな思いつきから、このテーマを選んで書こうと思ったわけである。

「もて」について、鈴木由香里氏は、男性がどのように他人から見られているのかという特徴を「モテ」と規定し、それを「『モテ』の構造」という言葉で論じている。鈴木氏は「モテ」を、「『恋愛対象とする性別の人から、性的ニュアンスをもって優遇されること、もてはやされること』という程度の意味」と緩やかに定義している［鈴木 二〇〇八：一七―一八］。ここでは「もて」と表記して、この定義をまずは出発点にしたい。そして、今、ニューギニアの男性たちが、どのような社会を生き、彼らがどのような形の「もて」の構造に取りまかれているのか素描してみたい。ただ、私がこういった事柄について話しあった相手は男性だけなので、以下の内容は男性からの視点に限られる。

2　ニューギニアにおける恋愛

ニューギニアの「もて」？

ニューギニアというと、「もて」とはまったく無縁のところという印象を持たれると思う。ニューギニアでは近代化がまださほど進んでおらず、伝統的な習慣も強く残っている。異性からの求愛は奔放になされず、自由恋愛などもってのほか。結婚相手は両親が決め、相手を好むと好まざるとにかかわらず、両親の言いつけに従って誰もが結婚する。だから、「もてる／もてない」という発想の生まれる余地はない。そういった印象が強いと思う。

しかし、近代化の進行の度合いは、「もて」とはあまり関係ないと私は考えている。異性を比べて善し悪しを評価することは、近代化以前の社会にもあったからである。だが、どういう文脈で「もて」が生まれ、また何が「もて」の要素なのかは、時代や地域でかなり異なる。たとえば、一九二〇年代前後の兵庫県あたりでは、男は、夜這いのときに相手をえり好みしていたという［赤松 二〇〇四］。また、アマゾン川流域のアメリカ先住民については、一九六〇年代後半のメヒナクの人びとの場合、レスリングに強いなどの「男らしさ」が女性を惹きつける魅力だった［Gregor 1985］が、アチェの人びとの場合には、狩りのうまい男性ほど女性を惹きつけ、他人の妻とも性交していたという［Kaplan and Hill 1988］。

ではニューギニアの「もて」とはどういったものだろうか。ニューギニアの男性たちは、女性から優

テワーダの人びと。

遇されたり、もてはやされたりという事柄で、人によってどのような違いを経験しているのだろうか。

ニューギニアには八〇〇以上の異なった言語・文化集団があり、その中から私が調査対象に選んだのは、人口六二〇〇のテワーダの人びとである。彼らは急峻な山間部に住んでおり、現金経済はまだあまり浸透していない。テワーダにおいて、結婚は人生においてなすべきこととされている。前に触れたように、年かさの増した男性で結婚歴がないのは一人だけである。年とった女性で結婚歴のない人はいなかった。結婚は、両親による取り決めが理想とされる。従来、男性は早めの結婚を嫌う傾向があった。早く結婚すると男性は、女性の血に含まれるケガレによって、それだけ早く死んでしまうと考えられているからである。だが、近年は恋愛結婚も増えてきたため、男性の結婚年齢は低下している。ただし、恋愛関係が発覚すると相手の親族から制裁として賠償金を求められる。男性にとって、恋愛は危険を伴う行為でもある［田所 二〇〇九］。

恋愛の始めかた

彼らの間で、恋愛はどのように始まるのか。ニューギニアでは、モノのやり取り自体がコミュニケーションである。恋愛も、モノのやり取りを通じて始まる。男でも女でも、人を好きになったら相手に贈り物をする。贈り物は、タバコでも食べ物でも何でもいい。相手に多少の好意があれば、受け取ってもらえるだろうし、受け取ってくれなければなにも発展しない。ニューギニア独特の贈り物は、椰子科の一種である植物の果実、ベテルナッツである。ベテルナッツのたねは、ある種類の葉と少量の石灰と一緒に噛まれる嗜好品であり、また呪術の道具としてもよく使われる。男性によると、こういったモノの交換を繰り返す中で、相手の笑いや笑顔などから気持ちが分かるようになるという［田所二〇〇九］。

ベテルナッツの入った網袋を背負った男性。

日本だったら、恋愛は、「好きだよ」といった気持ちを表す言葉を相手に伝え、運が良ければ相手からも似たような返事をもらって始められる。恋愛は、気持ちを表した言葉を交わしあうことだと思う。一方、ニューギニアでは、恋愛とは、相手への気持ちをモノに託して交換しあうことである。兄弟姉妹は別だが、好意を持たない異性とはモノの交換をしない。

たとえば、こんなことがあった。二〇〇三年の一二月頃、男友達のSと森を歩いていると、「もうすぐ結婚するかもしれない」と彼が私に打ち明けた。Sの話だと、先週、私と一緒に出かけた儀礼のとき、「私の娘と結婚しないか」と別の村の女性が声をかけてきたという。私がSに「その娘と結婚するの?」と訊ねると、「分からない。まだボクは若いからね」と答えていた。数日後の夕方、私がSと一緒に立ち話をしていると、くだんの女の子が他の女の子たちと一緒にやってきた。彼女に気づいたSは、「ほら!」と言って、いつもよりも渋面をつくり、うつむいて顔を向けずに彼女にベテルナッツを差し出した。周りの女の子たちは「Sがベテルナッツを出しているんだよ。受け取りなよ」とはやし立てた。女の子は顔をしかめて受け取らなかった。

Sの気持ちを託したベテルナッツは、彼女に受け取ってもらえなかった。一年後、女の子は村を離れて学校へ通い始め、Sは別の女性と結婚した。後でSと当時のことについて話したとき、「本人同士がその気にならなければ、結婚に至らない」といったことを笑いながら話していた。

相手の気持ちに働きかける

もし、相手がいっこうに振り向かなかったらどうするか。ニューギニアでは、気持ちを持たない異性に対し、その気持ちを自分に向けさせる呪術が多くの地域で見られる。こうした呪術は「愛の呪術(love magic)」と表記され、しばしば報告されてきた。

テワーダでも、ベテルナッツを使った方法が知られている。男性も女性も、意中の人がいたら、新しいベテルナッツを採り、それを割りながら呪文を唱える。呪術をかけたベテルナッツは、知り合いのつてを頼って相手に渡してもらう。もし首尾良く、意中の相手がそのベテルナッツを噛めば、その人の気持ちは自分に振り向き、その人は、呪術をかけた人のことを一日中、常に考えるようになるという。

3 「もて」と甲斐性

男性の考える「もてる男」

では、どのような人物が「もて」ると、テワーダの男性たちは考えているのだろうか。

男性たちと恋愛の話をすると、彼らはよく、女性から言い寄られた自慢話をした。そういった話は尽きることがない。誇れる話がなくて聞く一方の私の前で、彼らがよく言っていたことは、「モノをたくさんあげる男が好まれる」ということである。彼らは、どうも男の善し悪しは「見た目ではない」と考えている。私が、「もてる男」の顔を訊ねてみても、彼らの語りは一定しなかった。男性の考える「もてる男」の要素とは、顔よりもむしろ、体つきの大きいこと、働き者であること、そして、人にモノを分け与える寛大さを備えていることのようである。

たとえば、Ｔは、たくさんの贈り物を続けて、女性の気持ちをつかんだ男性である。Ｔは、一九九五年に弟を亡くした後、その弟の妻を好きになった。そこでＴは、彼女の娘に贈り物をし始めた。彼は、二〇〇〇年から二〇〇三年まで村から遠く離れたプランテーションで働いていた間も、せっせとそれを続けた。まず彼は、四〇キナ（約一六〇〇円）と二つのインスタントラーメンに手紙を添えて、彼女の娘に送った。次には二〇キナを送り、その次には二〇キナと二枚のシャツを送ったという。

Tが村に帰ってしばらくすると、彼女は「私は子どもを連れてあなたの家に行きたいのだけれど、どうですか。それでもいい？」と訊ねてきた。Tは彼女が好きだったので、二〇〇四年に結婚した。Tによれば、「私が娘にたくさんのモノをあげていたので、彼女は、『Tは私のことが好きなのではないか』と思うようになったのだ」という。

Tは、意中の女性の娘に贈り物をすることで、彼女への気持ちを表現し続けた。恋愛の成就に必要なのは、言葉を使ったコミュニケーション能力のうまさではなく、ひたむきにモノを与える甲斐性である。

実力社会と男の「もて」

モノをあげる甲斐性が恋愛の成就につながるということは、ニューギニアでは、男性の「もて」が、財力や政治力と結びついていることを意味している。

ニューギニアには生まれたときから金持ちという人はおらず、全ての男性は自分の力で財産を築いていく。全ての男性にその可能性がある一方で、男性の財力と政治力に極端な差が生まれる実力社会である。昔だったら、たくさんのブタを集めることのできた人が富を得て実力者となった。今では、小売店などの事業を興したり政治家になることが、財産を得る方法だと考えられている。

こうして成功した実力者という理想像は、ニューギニアでは一般に「ビッグマン」と表現されている。ビッグマンであれば、何人もの妻を持ち、子分を率い、村を取り仕切る役割を担うべきであり、財産をため込まず、他人に分け与えることが美徳とされる。他方、「ラビッシュマン」と呼ばれる弱者の典型を表す概念もある。ラビッシュマンは、みすぼらしい格好をし、物乞いをしながら、もちろん結婚せずに、他人に寄生した生活をしているような男性を表す言葉である。つまりビッグマンは男性の理想像を示す概念で、ラビッシュマンは規範から逸脱した存在を表す概念である［サーリンズ 一九七六］。

こういった実力社会であるので、一見すると、ニューギニアでは、ビッグマンと呼ばれうる成功者が、女性への好意を受け入れてもらいやすい優遇された男性だと言えそうである。だが、そういった男性だけが、女性からもてはやされる「もてる男」であるとも言えない。あまり極端な形で、こうしたごく一握りの男性が年頃の多くの女性の注目を一身に浴びることはないからである。一部の成功者だけでなく、多くの男性がせっせと女性に贈り物をしているし、また、女性の関心も、多くの男性に開かれている。村で調査した間、一人の男性が女性に特に人気があったり、一人の男性を多くの女性が取り合うといった出来事に私は出会わなかった。

一応まとめると、「もて」の構造は、ビックマンを理想像とし、反対の極にラビッシュマンが置かれる価値規範に沿ってつくられている。けれども、「もて」は一部の男性に占有されていない。「もてる男」には、ビッグマンでなくても、誰にでもなれる可能性がある。

一方、「もてない男」は、日本でイメージされるようなものと違うようである。最初に触れた、結婚

適齢期をとっくに過ぎてなお結婚しないままのMは、露骨な形で後ろ指をさされることもないし、毎日がどこか楽しげであった。彼は親族や村の事柄へも関与し続けており、逸脱した存在には見えない。こうした姿を見ると、ニューギニアの「もてない男」とは、「もてる男」の単なる反対像と言えないように私には思えるのである。ニューギニアの「もてる／もてない」を浮かび上がらせるために、Mについて見てみよう。

4 「もてる」と「もてない」のはざま

Mという人

Mは体つきががっちりしていて、背の低い人の多いテワーダでは大柄なほうだった。年齢は四〇代後半のようである。気さくな人だったので、調査の最初の頃から、ずいぶんとやりとりをした。

彼は、村から少し離れた場所に自分の家をつくり、一人で住んでいた。母がやってきて一緒に生活することも多いという。新しい畑は母親と一緒につくるが、普段は自分で作物を収穫し、料理していた。日曜日の礼拝にも、他の子どもと一緒に割と頻繁に参加していた。

彼はまだ若い頃、首都のポートモレスビーへ出かけ、一〇年以上そこにいた。首都ではベテルナッツの栽培と販売をしていたという。Mは村に帰ってきたとき、とっくに結婚の適齢期を過ぎていた。父親は既に他界していたので、母親が結婚相手を探してMに話を持ちかけたが、彼は全て断った。Mは、親からの期待を感じつつも、それに反して独身を貫いている。こういう自分の生き方について、Mは次のように語っていた。

> 私は結婚しないでひとりでいる。結婚したら、子どもが生まれて養わなければならなくなる。ひとりだったら、タバコを吸うにも一人分の量だけ取ってきて吸うし、イモを食べたくなったら食べたいだけ畑から採ってきて料理して、全部自分だけで食べられる。妻子がいたら、大きな畑を作らなければならない。ひとりだったら、つくりたいだけの畑を作ればいい。全部自分の好きにしていい。

マイペースな生き方だと思うが、Mは決して孤立した存在ではない。彼には、結婚して所帯を持った弟と妹がおり、甥や姪も多い。彼らは、時々Mの住まいにやってきて畑仕事や食事をともにし、寝泊まりもしている。また、二〇〇三年一二月に甥が結婚したときも、Mは幾ばくかの動物の燻製を提供した。彼は独身であっても、親族に一方的に依存する存在ではない。彼は、親や兄弟などと交流を持ちながら、結婚して子どもを持つこと以外の親族への義務を果たしている。

男性の評価基準

こうしたMは、テワーダの男性たちにとっても、自分たちの考える一般的な評価軸の中に位置づけるのが難しい存在のようである。

男性の社会的地位は、年齢や知識や経験によって変わっていく。結婚も目安の一つである。未婚男性は子どもと同じと見なされるし、また、子どもをもうけていない場合も一人前とは見なされない。財力

	ニューギニア一般での表現	テワーダでの表現
社会的地位（高）	ビッグマン	財のある人
社会的地位（低）	ラビッシュマン	ウングノ

男性の社会的地位を表す言葉

と政治力を持った男性は、社会的に高い地位にいる。それと反対に、テワーダで最も否定的に見られる男性を表す概念として、「ウングノ」という言葉がある。ウングノはまったく無気力な働かない男性のことである。健康な男性であっても、ある種の病気にかかると気質が変わり、ウングノになってしまうとされる。また、ウングノとまでいかなくても、一般的に、あまり働かない男性は評価されない。テワーダの社会では、結婚して子どもがいるのに自分の家を持たず、他人に依存して暮らすのも不可能ではない。だが、そういった生き方は否定的に語られる。ウングノとは、ニューギニア一般で言われるラビッシュマンと捉えていいだろう。

一方、Mに対する他の男性の態度と視線は、決して一枚岩ではない。私は、Mのいない場所で、彼を引き合いに出して男性の評価と結婚との結びつきについて訊ねてみた。いじわるなことだが、いろいろな意見を聞くには仕方がない。「男は結婚しなくてもいいのか?たとえばMは結婚していないけれど」。訊ねた相手は、目をきょろきょろさせ、複雑な表情をしながら一言二言話すだけのことが多かった。なにがしかを語った人の言葉も様々だった。

「いや、男は結婚して子どもを産んで、畑を作るのがいい。それがいい男だ」。

「いや、結婚していなくても、Mは身体が大きくて、大きな畑も作っている。

だから男だ」。「彼は結婚していないから、若者のままだよ」。「Mは首都から村に帰ってきたときにもう年を取っていたので、女は皆好きじゃなかった。だから結婚していない」。「年を取った男の匂いは臭いので、Mと結婚しようと思う女がいない」。

年を経てなお結婚してないという点では、Mはそれほど評価されていない。また未婚であるから、若者のままという位置づけである。だが、その一方、大きな畑を作っていることについては肯定的に語られている。実際に家族への義務を果たしていることから見ても、Mは皆から完全に否定された存在ではない。Mがウングノと呼ばれることも決してないのである。

選択肢としての「もてない男」

Mが結婚を頑なに拒んだのは、テワーダの男性の間にある、結婚を忌避する観念とも関わりがあると思う。「早く結婚すると男は早く死ぬので、男は早く結婚するものではない」と話す男性は多いからである。男性は、女性の持つケガレの観念と結びついた死への恐怖や、恋愛関係を作ったときの相手方親族からの制裁という不安を乗り越えて、恋愛関係へと入っていく［田所 二〇〇九］。

そういったことを一切しないMは、普通の男性の生き方を選ばなかった男性という評価である。彼は、財力と政治力を高めていこうとする男性の一般的なあり方と、男性は結婚すべきであるという規範からは逸脱している。その一方、親族関係のつながりを保ち、その規範に従った生き方をしている。男性の実力主義と結婚の規範からの逸脱と、親族への包摂が、Mの生き方の特徴である。

Mの生き方を見ると、テワーダでは、男性の「もてない」とは、女性との関係や周囲の評価によるものではなく、彼自身が恋愛関係に入らないことを生き方として選ぶことのようである。

また、「もて」も、男性の選ぶ生き方である。「もて」にとって大切なことは、女性に贈り物をする甲斐性である。その甲斐性を備えた理想像であるビッグマンのような財力や政治力を身につけることは、潜在的に全ての男性に可能性がある。また、ビッグマンの姿から遠くても、男性は努力と工夫次第で「もて」ることができる。テワーダの社会では、「もて」も「もてない」も、男性の選択であり、「もてない男」とは、女性との関係を積極的につくらない生き方と言えるだろう。

5　おわりに――「もて」と「もて社会」

ニューギニアでは、「もて」の構造は、ビッグマンを理想像とし、ラビッシュマンを対極に置く価値規範に沿って作られている。それは、テワーダの場合は、財のある人/ウングノという対比で表現される。だが、ビッグマンを目指して実力社会の階段を昇り、寛大さをアピールして、多くの女性を惹きつける男性の生き方が理想と語られる一方、それに乗らない生き方も可能性として存在する。

ニューギニアの「もてない」男性たちは、実力主義によって生まれる中心と周縁という男性の間にある構造化された配置の中で、周縁で生きることを自分で選んでいる。それは「もて」の構造の周縁にいることも意味する。だが、これは、男性集合の中の話であって、社会全体からの逸脱を意味しない。「もてない男」が、存在や生き方を否定されたり、人格や品位を攻撃されることもないのである。

また、ニューギニアの男性の間では「もてる人」と「もてない人」の間の不均衡も問題にならない。恋愛や男女関係の話を男性としている限り、確かに「自分がいかにもてたか」という語りをする人は多いけれども、「誰それがもてる／もてない」という事柄は出てこないからである。他人と自分を比べた際の「もてる／もてない」に男性が関心を持っていないのは、Ｍのことを考えれば、彼らが、「もて」とは、自分たちの選択であり、人格や品位と結びついたものと捉えていないからだと思う。

日本について振り返れば、たとえば、本田透氏は、現代日本を恋愛が商品化された「恋愛資本主義社会」と規定した上で、そこから意図的に離脱し、アニメのキャラクターとの擬似的な恋愛や家族をつくろうという考えや生き方を描いている［本田 二〇〇五］。いっそ「もてない」ならば、あえて基準の画一化された恋愛資本主義の競争から降りることを選ぶという生き方である。これも、自分の生き方や選択として「もてない」を選び取っていると言える。ただ、「もてない」ことがＱＯＬ（人生の質）や寿命にも響いてくるとされる今の日本で、その選択には大きな勇気が必要だ。

ニューギニアと日本を比べてどちらがいいかと考えても、ものごとを良い方向には進められない。考えるべきなのは、日本にいる私たち（男だが、）が、知らない間に、画一的な序列の中に入り込みやすい環境に置かれている点だろう。また、ニューギニアの人びとの場合、「もてない」生き方が可能であるのは、親族のつながりを基礎とした社会形成が背景にあることにも注意しなければならない。「もて」という現象は、どの社会にも潜在的にある。だが、「もて」が社会全体を覆うような画一的で

強制力のある全体的な志向と結びつく場合と、結びつかない場合がある。そして、こうした志向性を持った社会を「もて社会」という言葉で描くことが可能ではないかと私は考えている。ニューギニアに「もて」はあっても、ニューギニアは「もて社会」ではないのである。

［参考文献］

Gregor, T., 1985, *Anxious Pleasures: The Sexual Lives of an Amazonian People*, Chicago and London: The University of Chicago Press.
Hill K. and Kaplan H., 1988, "Tradeoffs in male and female reproductive strategies among the Ache: Part I and II," in L. Betzig, M. Borgerhoff-Mulder, and P. Turke (eds.), *Human Reproductive Behaviour: A Darwinian Perspective*, Cambridge: Cambridge University Press, pp. 277–290.
赤松啓介　二〇〇四『夜這いの民俗学・夜這いの性愛論』ちくま学芸文庫。
本田透　二〇〇五『萌える男』ちくま新書。
小谷野敦　一九九九『もてない男――恋愛論を超えて』ちくま新書。
小谷野敦　二〇〇五『帰ってきたもてない男――女性嫌悪を超えて』ちくま新書。
サーリンズ、M.　一九七六「プア・マン　リッチ・マン　ビッグ・マン　チーフ」『進化と文化』山田隆治訳、新泉社、一八一－二二二頁。
鈴木由加里　二〇〇八『「モテ」の構造――若者は何をモテないと見ているのか』平凡社新書。
田所聖志　二〇〇九「セックスをめぐる男性の『不安』――パプアニューギニア・テワーダ社会から」奥野克巳、竹ノ下祐二、椎野若菜（編著）『セックスの人類学』春風社、一〇五－一四〇頁。

インドにおけるヒジュラと私とのフィールドワーク

「独り」の私から、「二重」の私を感得する

國弘 暁子
Kunihiro Akiko

1　事のはじまり

インドにはヒジュラという半陰陽の人びとがいるらしい。そんな日本語の記述を半信半疑で受けとめていた二十代の頃、自分が近い将来、ヒジュラと呼ばれる人々と係り合うことになるとは想像もしていなかった。二十三の時から三年間ほど、私はインド政府給費留学生として、インド北西部に位置するグジャラート州、アーメダバード（Ahmedabad）市の大学院に在学していた。その当時の私はヒジュラを目撃したことは一度もなく、接点といえば、新築の儀礼や結婚祝いの会場に居合わせたときに「ヒジュラが来ていた」という過去形の発言を周囲の人びとからもれ聞くぐらいであった。ヒジュラのことが気にかかり、間借りをしていた家の主人との会話の中で話題にのせたこともあったが、その主人はヒジュラが何処に住んでいるのかは知らないとのことだった。そのうち、私の関心からはヒジュラの存在はだ

んだんと薄れていった。それが再び、留学を終えて日本の大学院に通い始めてからのこと、私の記憶の中で蘇った。男女のカテゴリーに該当しない日本人ふたりの同棲生活の取材に目を奪われていた時、急にインドのヒジュラの存在が脳裏に浮かんだ。性の逸脱者として語られるヒジュラとはいったいどのような存在だったのか。その謎を解明せずにはいられない衝動に駆られ、その瞬間から、ヒジュラを考察の対象に据えた研究課題に突き進むことになった。新たな研究テーマを模索していた私にとっては、その衝動が時宜を得た研究の動機となった。

2　ヒジュラとは?

男性、あるいは女性と見なされないインドのヒジュラについて、男女の両性器を併せ持って生まれた半陰陽として語られることがある。しかし、グジャラート地域においてヒジュラとして生きる人びとの多くは、現世での誕生の時点では男として親族から迎えられている。男児が無事に成長した暁には、女性との結婚を通じて子孫を残すことを親族から期待されるが、その男児がヒジュラとして生きるということは、親族の期待に背き、現世における男性としての生を放棄することを意味する。厳密に言えば、男性器(ペニスと陰嚢)を切除する去勢儀礼を経ることで、ヒジュラの輩に正式に帰属する現世放棄者になってしまうのである。女性の衣装とされるサリーとブラウス、そしてサリーの下にはくガーガロ(スカート状のもの)の三点を身に纏い、長く伸ばした髪の毛を頭頂部で結い上げる様相は、一見すると女装と受け取れるが、しかし、ヒジュラたちは、ヒンドゥー女神の衣装であるサリーを身に纏うのであり、現世放棄者としての己を人びとに向かって主張している。ただし、その主張は必ずしも通るものではなく、ヒジュラのことを社会の規範から逸脱したならず者として見下す人も少なくない。

ヒジュラに関する先行研究を渉猟するなかで、私が特に参照したのはアメリカの人類学者セレナ・ナンダの著書『ヒジュラ―男でも女でもなく』（蔦森樹、カルマ・シン訳、青土社、一九九九年）であった。インド中央南部を調査活動の拠点としたナンダは、そこで活動するヒジュラたちと接触をもっていたが、その彼女の著書の序章には、私にとって馴染みのあるグジャラート地域に関する記述があった。彼女の著書を初めて閲読した時に、バフチャラー（Bahuchara）という女神の名前が妙に引っ掛かり、漠然と自分が目指すべき地点が定まった感があった。

グジャラート（Gujarat）州のアーメダバード近くにある、主要なヒジュラ寺院も訪れ、そこで「バフチャラ・マータ」（Bahuchara Mata）と呼ばれる女神の名のもとに、寺院を訪れる人たちに挨拶し祝福を与えて生活するヒジュラたちとも話を交わした［ナンダ一九九九：二四―二五］。

「ヒジュラ寺院」と表記されるが、それは不適切な表現である。ヒジュラが集うその場所は、バフチャラーという名前の女性が自ら命を絶ち、女神として祀られたという神聖な土地である。バフチャラー女神に帰依するヒジュラたちは、女神の恩寵を授ける為に寺院境内において参詣者たちを待ち構える。そのため、女神寺院がそびえ立つ境内に足を踏み入れる者の目には、必ずヒジュラたちの姿が映る。大概は十名ほどで屯《たむろ》しているのだが、参詣者の数が減少する夕刻になると、その場から皆姿を消してしまう。俗世の人びとと同様に、ヒジュラたちは各自家を構えており、そこで師弟関係にある者たちが寝食を共にしている。

3　フィールドワークのはじまり

グジャラートでの調査開始のためにインド入りした私は、バフチャラー女神寺院のヒジュラたちと係わりあう為の策をあれこれと思考していた。辺境な村落地域に位置するバフチャラー女神寺院に足繁く通うためには、その周辺に安全な滞在場所を確保しなければならない。また、不慣れな土地を案内してくれる人物も必要だ。偶然にも、寺院境内の裏側には私の恩人の知人が住んでいるという情報を得た。その人物は地元の学校長を勤めるブラーマン・カーストの男性であった。当初私は、その人物を起点に人脈を築くつもりでいたが、しかし、現地調査を本格始動する前の年に間留学したロンドン大学において、その計画は諌められてしまった。バングラデッシュの不可触民を調査した経験をもつ指導教官から次のような苦言をいただいた。社会の頂点に己を位置づけるブラーマン・カーストと接点をもてば、ヒジュラのような周縁に置かれた人びとと係り合う上で必ずや支障をきたすであろうと。その苦言を真摯に受けとめた私は、交際上の義理を欠いた奴と責められようとも、そのブラーマン男性と接触することを避けるよう務めた。私の不実な行動が原因で、ブラーマン男性側の人びとからは非難され、彼らとの間に不穏な緊張が漂っていたが、それが後に、私がヒジュラの家で生活するようになると、まるで引き潮のように彼らは遠ざかって行った。

4 「独り」の私を語る定規

初めての土地での人脈を一から開拓する必要が生じたため、私はまず自己紹介のあり方から検討した。見知らぬ顔を不審に思う地元の人びとに対して、自分が何者であり、自分が何の目的でここに居るのかを、どのように説明すればよいのだろうかと。まず目的に関しては、ヒジュラの調査の為とせずに、バフチャラー女神寺院の歴史と信仰を理解する為という文言にした。女神の足下に触れることを願う巡礼者が数多く訪れる村落では、この文言はすんなりと受入れられた。もしヒジュラの調査が目的であると言及していたらならば、人びとの反応はどのようなものになっていただろうか。

女神の土地を訪れる前の段階で、私は都市アーメダバードにおいて、ヒジュラの調査を実施することへの周囲の反応をうかがっていた。留学時代に現地語をご教授いただいた恩師からは「ずいぶんとチャレンジングなテーマだ」と驚かれ、また別の大学教員からは、我々とは別世界に生きるヒジュラを調査するのは不可能だ、と頭ごなしに否定された。このように、私の志を後押ししてくれるような反応はほとんど得られず、ヒジュラについて言及することは調査を実施する上で得策ではないと感じていた。

દિવ્ય ભાસ્કર　રવિવાર વિશેષ

જાપાની યુવતી બહુચરાજી મંદિર પર રિસર્ચ કરશે

અગાઉ પણ અકીકોએ વ્યંઢળો પર રિસર્ચ કરીને પીએચ.ડીની પદવી મેળવી હતી અકીકો ૨૦૦૧માં અમદાવાદની ગૂજરાત વિદ્યાપીઠમાં અભ્યાસ અર્થે આવી હતી

バフチャラー女神寺院でヒジュラとして活動する人びとと共に。一番右がグル（師匠）で、その隣が私。左側2人が弟子たち。地元の新聞　Divya Bhaskar 紙（2007 年 10 月 12 日付）に掲載された記事より。

それと同時に、ヒジュラとして生きる人びとを目の前にして、「あなたが調査対象である」と語ることの不当性についても考えた。たとえヒジュラの前では隠していたとしても、私が他所で語った目的を人づてに聞き知り、私に確認してくるかもしれない。そうなった場合に、果たしてヒジュラの面前で、「あなたが調査対象である」と私は明言することができるだろうか。もし逆の立場であれば、私は不快に思い、その相手を遠ざけるのではないか。このような見解から、私はあえてヒジュラと言及することを避けて、バフチャラー女神に対する関心事を前面に押し出した文言を選択した。

自己紹介に関するもう一つの課題。それは、自分が何者として地元の人びとに受入れられるべきか、という問題である。私が日本人であることは明らかであり、隠す必要もないのだが、悩みの種は自分の年齢と配偶者無しという二つの事実であった。男女を問わず、初対面の人に向かって年齢や配偶者の有無を尋ねることはグジャラートではあたりまえのことである。とりわけ地方では男女共に早婚であり、既に三十路を過ぎていた私の場合、配偶者に加えて、子供がいても当然と見なされる。そのような状況下において、正直に己を「シングル」として提示すれば、それは憂慮すべきことと見なされてしまう。異国から来た異人であることに加えて、さらにもう一つの「徴」を背負わされることは避けたかった。地元の人間関係に入り込む上での障壁をできる限り減らしたかったし、また、結婚相手がいない理由を根掘り葉掘り聞かれることも面倒だと思った。「無」の配偶者を「有」と偽るよりも、数をごまかすほうが安易であると考えた私は、二十五歳であると鯖をよむことにした。そして年が変わるごとに、自分が定めた年齢に数を一つ加えていった。

5　ヒジュラから見た私

意外なことに、ヒジュラの方から年齢を尋ねられたことは一度もなかった。ヒジュラと共にいた空間に割って入ってきた女性から年齢を尋ねられ、私は初めて、自分が定めた年齢をヒジュラの前で告げた。その偽りの数字がヒジュラに知られてしまい、私は後ろめたい思いをした。

　私が初めてヒジュラと対面した時、「ネパール人か」と尋ねられた。それ以後、毎日のように、何度も顔を合わせるようにしていると、次第に話し相手としてヒジュラの輪のなかに迎えられるようになっ

た。インド人に比べて私の鼻が低いことを珍しがられ、また、鞄の中身に興味をもたれて覗かれることもあったが、ヒジュラたちから根掘り葉掘り質問攻めにされて閉口したという記憶はない。ただ、質問の意味がわからず返答に困ったことがあった。それは、突然「外に座るか」と尋ねられたときであった。「外に座る」とは、女性が月経である状態をさす。月経中の女性は寺院の境内に入るべきでないとされ、そのタブーを犯していないかを私に確認しているのだろうと理解した。そのため私は「いいえ」と答えたが、その対話を端で聞いていた女性は、「そんなことはない」と口を挟み、私が既に初潮を迎えているはずだと断言した。彼女の発言によって、私が月経中かを尋ねていたのではなく、私の身体に月経が生じているかを確認していたのだと気づかされた。

大概の女性は十代で初潮を迎える。その十代女子と見分けがつかないほど自分は幼く見られているのかと、己に対する周囲の見方について考えさせられた。そして今では、次のようにも考える。女性であれば、自分自身や娘などの経験から、初潮のおおよその時期を年齢で把握している。よって、年齢を尋ねることで今現在の私の身体状況を割り出すことができる。しかし、その経験知をもたないヒジュラにとって、年齢は単なる数字にすぎない。むしろ、実質的な身体の変化について尋ねた方が、私の過去と現在を把握できたのだろう。

6　私のなかの他者「二重」の私

私の前世はヒジュラ？

見知らぬ他人が大勢行き来する女神寺院の村は、巡礼者に身をやつした男性が買春をする場所でもある。身寄りもなく、ただ独り浮いた存在の私は、そんな男性たちの性欲の対象にされてもおかしくない。聖地に潜んだ危険を熟知するヒジュラたちは、村内を独りでうろつく私の行動を禁《いさ》めて、自分たちと行動を共にするよう促した。そのおかげで、私は自分の拠り所を得ることができた。私はヒジュラたちと共に毎朝女神寺院に通い、夕方には家に帰って共に食事をとり、テレビを見て寝るという生活を送っていた。ヒジュラとの共同生活が始まった当初は、すべてのことが面白く、また緊張もしていたのだが、そうこうするうちに緊張も解けて退屈に感じるようになっていた。その頃になると、私の目の前にはヒジュラではなく、それぞれ異なる名前を持った個々の人間が存在していた。ヒジュラに近づけば近づくほど、私が追い求めていたヒジュラなるものが遠ざかっていったが、しかし、感受性の鈍化によって見逃した零れものがあった。ヒジュラという他者は、私の目の前から姿を消したが、私の心の奥底に潜んでいたのである。

先祖代々、女神寺院の運営にたずさわる人びとは、毎日のようにヒジュラたちに声をかけ、また立ち止まって世間話をすることもある。私からすると、それはまるで同僚のような間柄である。その同僚の一人は、ある時、他所者の私とヒジュラたちが近しい関係を築いていることに感心して、これは前世か

らの因縁に違いないと述べた。その言葉をうけて、私と最も仲の良いヒジュラのチャンドさんは次のように語った。「前世では、あなたが私で、私があなただった」と。その親しみが込められた発言を私は有難く受け取るべきだと頭では考えるものの、私の身体は全く別の反応を示した。胃の奥底から嘔吐が異臭を放ちながらこみ上げてくる感じを覚えた。私はその場に居たたまれなくなった。が、チャンドさんに対しては申し訳ない思いになり、私の顔は引きつっていた。

暫くの間、その嘔吐の感覚の余波に悩まされていた。私の身体に生じた嘔吐の感覚と、チャンドさんやチャンドさんの仲間に対する謝罪の念とが反目し合い、悶々とする日々が続いた。冷静に考えてみれば、私の前世がヒジュラであると言われたことで強い嫌悪を催したのは明らかだった。しかし、その拒絶反応は、私の意志とは明らかに矛盾していた。私はヒジュラと近接することを志してフィールドに臨んだのではなかったのか。その矛盾を認めたくないという思いから、私は自分の身体の反応に眼を向けないようにして、ただただ悶々としていた。

嘔吐の感覚を味わったのは一度だけではなかった。チャンドさんと同じ家に帰属するジャスミンさんに連れられ、ある屋敷を訪問した時のことだった。屋敷の女主人の前で、連れの私を紹介しようとしたジャスミンさんは、「結婚するのか」と私に尋ねてきた。あまりにも唐突な質問だった。つい先日、「結婚してもろくなことないよ。自分独りで自分の人生を築きなさい」という助言をチャンドさんの師匠からもらったことを思い出し、私はジャスミンさんの質問に対して「いいえ」と答えた。するとジャスミンさんは、女主人に向かって「ほらね」と言わんばかりの表情を見せて、次のように語った。「(連れの日本人は）辛い思いを秘めているにちがいない。それをあえて聞かずに分かってあげることが大切だ」。なんとジャスミンさんは、私が結婚できない事情を抱えているためにヒジュラのもとに身を寄せている、つまり、ヒジュラの輩に加わったと理解していたのだ。私は思わず反論したくなったのだが、その感情を抑えて、その場で冷静さを装った。しかし、内心は顔が引きつり、あの嘔吐の感覚を思い出していた。

これら二度の体験によって明らかになったのは、私は自分がヒジュラと共に在りながらも、ヒジュラと同類項で括られたくないという欲求を抱えていたことである。つまり、私は自分が社会的逸脱者とならず、研究者としてのプライドを保つ為に、ヒジュラという他者を心の奥底で否定し、それによって、ヒジュラと共に在る自己を肯定しようとしていたのである。その欲求が無意識の次元に停まる限りにおいては、ヒジュラとのフィールドワークを実践するというマニフェストとは矛盾しなかった。それが想定外の出来事によって、私の内なる欲求が露呈してしまい、私は理性と欲求との葛藤に苦しむこととなった。ヒジュラという他者は、私の奥底において、私という自己を肯定するために潜在し続けていたのである。

絶対的な他者への同一化と脱周縁のこころみ

他者を否定することで己を獲得するという二重の自己生成は、私だけでなく、ヒジュラとして生きる者たちの実践にも見ることができた。「あなたが私で、私があなた」と語ったチャンドさんは、仲間の悪口を言うのはあたりまえで、特定の人物を見ながら「ファータダ（fātada：ヒジュラを指す民俗語）

は嫌だね」と語ることもあった。また、寺院の参詣者たちが注目する中、私のペンとノートを手にとって意味不明の文字を書きなぐり、仲間のヒジュラとは違う学識のある己を装うこともしばしばあった。その時の参詣者たちの反応は、「このマーシー（*māshi*：母方オバ、ヒジュラに対する呼称）は英語ができるよ」という感嘆の声であった。つまり、チャンドさんは、蔑視の対象としてのヒジュラを否定し、ヒジュラではない外国人との同一化を欲求し、そこに己を生成しようとしていたのである。チャンドさんは身近に居た私を素材として用いたが、別の場面においては、その他のヒジュラたちと同様に、バフチャラー女神への帰依という同一化のプロセスを通じて、社会的逸脱者としての烙印を否定する。ヒジュラとして生きる者たちは、己が社会の規範から逸脱していることを強く自覚している。しかし、逸脱者であり続けることを望んでいるのでは決してない。ヒジュラではない他者、たとえば異国の異人、あるいは女神という絶対的な他者との同一化を反復することによって、周縁からの脱却を試みている。

7　おわりに

フィールドにおける私は、グジャラートの人びとの間で共有される標準から外れていた。地元の人間ではなく、帰属の在処となる親族もその場に存在せず、その上、配偶者もいない独り者である。そんな外れ者の私が、同じく外れ者の集まりであるヒジュラの輩に加わり、フィールドワークを行っていた。私が共に居たヒジュラとは、己が生まれ落ちた親族との縁を切り、己が生まれた土地を離れて、女神寺院のある村落において、女神に帰依する現世放棄者として生きている。社会規範によって求められる結婚、および子孫繁栄に関与しないヒジュラたちは、社会の逸脱者として見下される立場にあり、私自身もヒジュラ同様に逸脱者となる条件を充たしていた。唯一の違いは研究者であること。その違いを自分の心の内部で強調することによって、私はヒジュラではない自己を確立しようと努めていた。他者としてのヒジュラを否定することで、ヒジュラではない自己を獲得するプロセスは、私が独自に生み出した手法ではなく、ヒジュラとして生きる者たちによって既に先取りされていたのであった。

　フィールドにおいて、もし私がシングルではなく、配偶者をもつ立場であったらどうなっていただろうか。私という存在はその配偶者によって規定され、フィールドでの己の位置を模索する必要はなかったかもしれない。その代り、配偶者との性生活や子づくりについて詮索されるなど、別のわずらわしさを抱えていたはずだ。むしろ何者でもない「独り」であることが、私が何者にもなる可能性を導き、ヒジュラの輩に取り込まれる好機をもたらしてくれたと考えている。私と同じようにヒジュラとのフィールドワークに臨んだ人類学者セレナ・ナンダは、私と同じ苦悩を経験したのだろうか。

第2章 ◆ シングルから見える社会

イタリアの「シングレ」たちのもう一つの顔

宇田川 妙子
Udagawa Taeko

1 ローマのシングレたちの夕べ

昨年、ローマのあるレストランで、私がイタリアの女性二人（モニカとレーナ）と夕食を終えておしゃべりをしていたときのこと。

それぞれの私生活にも話題が及び、家族や結婚にかんするイタリアと日本の比較などについて四方山話をしていると、レストランからのおごりのシャンパンが運ばれてきた。さて何に乾杯しようか、という話になり、レーナが、それまでの話の続きから「私たちはみんなシングレ（独り者の意味）だよね」と言うと、モニカが「そうそう、二人のジテッラ（未婚女性の意味）と一人のディボルツィアータ（離婚女性の意味）。シングレはいいよねぇ（Single è bello）。」と若干自嘲気味に付け加えた。ちなみに彼女は四〇歳代半ばの未婚で（私も未婚、レーナは離婚者）、未婚であることに引け目はないものの、常日頃できれば結婚したいと言っていた。そのニュアンスを感じ取った私が、「いいのは、シングレという言葉なのか、それともシングレの生活なのか、どっち?」と突っ込むと、「まあまあ、どちらにしろ『シングレはいい』のだから、シングレに乾杯!」ということになり、みなでグラスを合わせた。そしてその後も、ほぼ同世代の「シングレ」女性三人の取り留めのないおしゃべりは、レストラン終了時の深夜近くまで続いたのである。

2 シングレという言葉

イタリアでも、他の多くの先進国と同様、近年独身者が増えつつあり、彼ら・彼女らを指す新たな言葉として「シングレ(single)」という語が一九九〇年代ころから口の端に上るようになってきた。これは、スペルからも容易に想像がつくように英語のsingleをそのままイタリア語読みにしたものであり、時には「シングル」という英語読みでも使われる。そこには、結婚経験のない未婚者だけでなく、離婚や別居(イタリアでは離婚には三年間の法定別居が必要)、死別による独身者も含まれる。

独身者の社会的位置が生んだ「シングレ」

イタリアでも一般的に、結婚して子供を産み、家族とともに生活することが標準的な生き方とされている。このため、そこから多少ともなり外れる独身者は、一人前とは認められにくく、揶揄や非難の対

象になったりすることもある。そもそも、シングレという言葉が使われ出したのも、そうした独身者にまつわる差別感が背景にあった。

実際、イタリア語でも独身者を表す言葉はすでに存在していた。その一つが冒頭の挿話の中のジテッラ（zitella）であり、男性の未婚者はスカーポロ（scapolo）、寡夫・婦はそれぞれヴェドヴォ・ヴェドヴァ（vedovo・vedova）と呼ばれていた。そして一九七〇年に離婚が認められてからは、離婚者や別居者を意味するディボルツィアート（divorziato、女性はディボルツィアータ divorziata）やセパラート（separato、同セパラータ separata）も、日常的に使われるようになった。しかし、それらにはいずれも揶揄的な意味合いや差別感が含まれており、彼ら自身でさえ「これらの言葉はＰＣ（ポリティカル・コレクトネス）に引っかかるんじゃないの」と言っていたのを何度か聞いたことがある。つまりシングレは、こうした差別的な見方を一掃し、独身という生き方を積極的に捉え直そうとする言葉として生まれたのである。それは、周囲の状況の中でやむを得ず独身になった「強いられた」独身者から、本人が独身を主体的に「選択した」独身者というイメージへの転換でもあった。そのため、死別による独身者（特に高齢者）をシングレに含めない場合も多い。

また、このとき選ばれたのが英語の single であって、それに対応するイタリア語のシンゴロ（singolo）ではなかったことにも、意味がある。イタリア語には女性形と男性形がある。ゆえにイタリア語を用いると、男性独身者はシンゴロ、女性はシンゴラ（singola）となるが、この言葉上の区別が、独身者の実態が男女で大きく異なっている現実と符合しかねないと懸念する声は小さくなかった。独身であることは、女性にとっては、貧困等、いっそう厳しい現実への引き金になってしまう。そうした性別による偏りも払拭したいという思いからも、男女の別のない英語のほうが適当だったのである。

「シングレ」の現在

とはいえこの言葉は、ここ数年、雑誌・新聞等のメディアを除くと日常的にはほぼ使用されなくなっている。それは、一つには、冒頭のモニカの発言からも想像されるように、こうした新しい独身者という考え方が、都会的でファッショナブルなライフスタイルのような流行的な側面が強かったことを示唆している。モニカの発言にも、シングレとは結局口当たりの良い言葉でしかなく、今でも独身者の実態は変わっていないという苦い思いを感じ取ることができるだろう。

イタリアでも独身者が増えるにともなって、差別意識は薄くなってきた。しかし、その低い位置づけは変化せず、さらには後に述べるような新たな問題も出てきた。そうした複雑化する独身者の状況を、もはやシングレという単一の言葉で表現することが不都合になってきたことも、この言葉が根付かなかった一因かもしれない。そしてもう一つ、とくに私のような外部者から見ると、そもそもイタリアの独身者のあり方は複雑であり、簡単に地位が低いとは言い切れないがゆえに、シングレという言葉が普及しなかったとも考えられるのだ。

何度も繰り返すように、イタリアでも独身者の社会的な位置づけは低い。ところが、彼ら・彼女らは、シングレなどの言葉ができる以前からもたくましく生活しており、実際にはそれほどの差別を受けてい

なかったように見えることさえある。私が調査をしていたローマ近郊の町でも、たくましいジテッラやスカーポロに何人も出会った。同じく未婚という独身者である私は、日本の事情と比較しながらうらやましく感じたものである。では、その違いとは何であり、たくましさの「秘訣」は何なのか――その前に、イタリアで最近急増している独身者の概況について、簡単に確認しておくことにしよう。

3 急増し多様化する独身者たち

独身者と言えば、まず未婚者だが、イタリアの婚姻率（人口一〇〇〇人あたり）をみてみると、一九九〇年には五・四だった数値が二〇〇七年には四・二に減少しているとともに、晩婚化も進み、二〇〇七年の平均初婚年齢は男性が三二・八歳、女性は二九・七歳になっている。同じく晩婚化が問題になっている日本（男性三〇・一歳、女性二八・三歳、ちなみに婚姻率は五・七）と比べてもその遅さが分かるだろう。その結果、二〇歳以上人口における未婚者率は、二〇〇二年の二五・七%から二〇〇七年には二六・五%になり、未婚者という形の独身者は確実に増えている。なお、イタリアではいわゆる事実婚や婚外出産はまだ少ないため、こうした晩婚化や婚姻率の低下は少子化にも直結している。

一方、離婚率は、他のヨーロッパ諸国に比べると格段に低いものの（二〇〇七年〇・七八。ただし別居率の一・三七を加えると二・一五。日本は二・〇二）増加しており、離婚や別居による独身者も増えている。さらにイタリアは、世界でも有数の高齢化社会（二〇〇七年高齢化率二〇・一%で世界二位。一位は日本）だが、高齢化は、配偶者との死別による寡夫・婦という独身者の増加につながっていることも忘れてはならない。

また、これら独身者たちは、年齢や性別によっても多様である。たとえば高齢者の独身といえば、死別が多いことはすぐに想像がつくだろうが、実際、七〇歳以上の独身者のうち約八一％が寡夫・婦である。一方、年齢が若ければ未婚が多く、次第に離婚者や別居者が増えていく。ただし状況は男性と女性とでも異なり、未婚者は、高齢者層を除けばほとんどの年齢層で男性が上回っている。他方、死別や離婚による独身者は、どちらも女性のほうが多い。この背景には、男性の寡夫・離婚者が総じて女性のそれよりも再婚率が高いことがある。その結果、一般的に夫婦間では妻の年齢が夫より低い一方で平均寿命は女性のほうが長いことも相まって、七〇歳以上女性の五五・〇％は寡婦となっている（ちなみに男性は一五・二％）。

さらに居住との関連も興味深い。独身者の増加は、単純に見れば単身世帯の増加とも結びついている。最近発表された報告によると、二〇〇三年の単身世帯はおよそ五六二万四千世帯で、一九九五年比で一〇〇万以上の増加になっている。ただし、その単身世帯の約七八％は六五歳以上であることに注意したい。イタリアでは、子供は結婚するとほとんどが親と別居するため、親は配偶者の死後は寡夫・婦として一人暮らしになるからである。

したがってこの慣習は、翻せば、若者が結婚するまでは親と同居することを意味し、実際、四五歳以下の成人人口のうち一人暮らしは六・六％に過ぎない。しかも最近では、この慣習が晩婚化と重なるこ

とによって、結婚せずに実家に同居を続けるいわゆるイタリア版パラサイト・シングルが急増している。たとえば、二五歳～三四歳の年齢層のうち世帯内で親の位置にある者は、一九九〇年では五二・八％だったのに対して、二〇〇一年は三二・三％と激減した。一方、子として家庭にいる割合は二六・二％から四二・八％と一・五倍以上に増加している。

さてこうしてみると、イタリアでは近年独身者が増加し多様化しているだけでなく、その状況は、晩婚化やパラサイト型シングルを始め、実は日本と非常に似通っていると言われるかもしれない。しかし、ことはそう簡単ではない。

たとえばパラサイト型シングルについて見てみると、彼らはイタリア語ではバンボッチョーネ(bamboccione、「大きな人形」という意味)と呼ばれ、やはり大きな社会問題になっている。ただしイタリアでは、労働市場の構造的な問題として若者の失業率が高いこと(二〇〇七年二五歳から二九歳の労働力率七一・八％、日本では八五・一％)や、家賃等の住居費がかなり高く、なかなか結婚に踏み切れないこと等々、経済的な問題が日本以上に大きく影響している。実際、二〇〇七年に某政治家が最近の若者に対して非難の口調でバンボッチョーネと呼んだことに対して、多くの若者たちが自分たちの苦境は政治の責任であると強く抗議をしてデモやシット・イン等を行った。日本でも若者たちの経済的な困窮は最近話題になりつつあるが、まだまだイタリアの比ではない。

ではあらためて、イタリアの独身者たちの生活は、一見日本と似てはいても、そのどこにどんな違いがあり、その背景には何があるのか、私がローマやその近くの調査地で出会った独身者たちの生活を紹介しながら考えていこう。その際、すべてのタイプの独身者に触れる余裕はないので、私自身の経験と対照しうる未婚女性の事例を主に取り上げていく。

4　未婚女性モニカの悩み

まずは、冒頭で紹介したモニカの話を続けてみよう。

彼女は四〇歳代半ばで、結婚経験はなく父親と同居しており、いわゆるバンボッチョーネの一人である。母親はすでに亡くなり、弟は数年前に一人で住み始めて一昨年結婚したが、彼女はこれまでにも一人暮らしをしたことはない。現在、週五日、家の近くの会社で一日四時間のパートタイムをしているが、親からいくつかのマンションを譲り受けており、その賃貸料が彼女の主たる収入源である。そしてもう一つ、絵描きという顔も持っている。職業画家ではなく若干趣味的な感じはするものの、ここ五年ほどは仲間たちと個展を開くなど活動を活発化させてきている。去年初めて絵が数点売れたという。

とはいえ彼女は、経済的な余裕を背景に、未婚という生き方を積極的に選んでいるわけでない。実は、数年前に、結婚を視野に入れて一〇年ほど付き合ってきた男性と別れた。その直後は、男性なんて要らない、結婚なんてしないと言っていたが、今では結婚を望んでいることは冒頭でも述べた。また、彼女の結婚への思いとは、家族、とくに何かと干渉する父や親族からの独立も意味している。ゆえに、パート以外の職を見つけて自立することも強く願っており、あちこち知り合いに頼んでいるが、コネ社会の

イタリアとはいえ、この年齢の女性に働き口はなかなかない。たしかに現在も同居の父親とは家計を別にしており、食事などの日常生活もほぼ別で、自立していないわけではないが、その収入が父から引き継いだ不動産に由来していることに忸怩たるものを感じているようだ。

さて、このモニカのような経済的な問題と家族関係の難しさは、未婚女性一般に程度の差こそあれ見られるものである。イタリアでも女性の就職は男性よりも難しく、その状況は日本より厳しい（二〇〇七年の女性の労働力率はイタリア五〇・七％、日本六一・八％）。このため、未婚女性は今日でも経済的な困難に陥りやすく、職が見つからなければ、いわゆる家事手伝いをしながら親と同居し続けることは少なくない。特にかつては農業を生業としていた家族が多かったので、未婚女性たちはその労働力としても使われていたが、多くの場合は家事を一手に引き受け、高齢化する親のケアや、さらには兄弟姉妹たちの子供の面倒を代わりにみるということもあった。たしかに現在では家族の規模が小さくなり、家での仕事も少なくなっている。そして女性でも外で仕事を見つけることが多少は可能となり、それに伴って家を出る未婚女性も増えてきた。しかし、その場合もたいていは親からの援助を受けているし、他の既婚の兄弟姉妹以上に親の面倒などが期待されている。彼女たちは、親や家族からなかなか自立できず、従属的な位置に置かれがちで、家内的な役割を押しつけられやすいのである。

またこの状況は、イタリアの場合、女性の純潔や貞節の保護が、父親などの男性親族の役割とされていた慣習と関連していることも付け加えておこう。女性の行動（とくに性的行動）は、かつて、その「ふしだらな」振る舞いが近親男性の名誉を汚しかねないとみなされていたため、男性たちに厳しく監視・

制限されていた。この考え方は、婚前・婚外の性交渉を罪とするカトリックの教義とも相通じていた。ローマ周辺でも昔は、女性（とくに未婚女性）は一人では外出できず、兄弟などが同伴していたと、高齢者たちは若い頃を振り返って語っている。もちろん今では、とくに都市部ではそうした性規範はほとんどない。ただし、娘の行動に対してはつい干渉しがちになり、娘の一人暮らしには息子以上に反対する傾向はある。モニカの父にもそうした「古い」考え方があると、彼女はこぼしていた。

5　家族のもう一つの意味

しかし、ここで注目したいのは、こうした制限の多い生活でありながらも差別を感じさせない人生を送っている未婚女性も少なくないという点である。しかもそれは、フェミニズム等で女性たちが力をつけてきた最近の現象ばかりではない。たとえば、私が調査地で出会った六〇歳代、七〇歳代の未婚女性たちは、その多くが時代的にも就職した経験はなく、親と一緒に暮らすか、独立しても親の家近くに居を構えて親の面倒をみてきたが、なかには、そうした役割を積極的に生かして家族の中心的な存在になっている者もいた。そのことを理解するためには、イタリアにおける家族の重要性について理解しておくことが必要だろう。

実は、イタリアの家族では、子供が結婚して家を出ても、互いに頻繁に行き来をして関係が持続することがよくある。その意味では、一緒に暮らしていなくとも、実質的には大家族的であるとも言える。

とくに日曜や祝日には、結婚後離れて暮らしている子供たちが、それぞれの家族を連れて親元に集まり、賑やかに昼食をともにする姿はあちこちで見られる。子供の養育や経済的な援助など、様々な事柄で互いに助け合うことも普通である。ゆえにこうした大家族の中にいれば、結婚して子供を作らなくとも、最低限の生活保障を得られるし、心理的に孤独になることもない。実際、甥・姪たちを忙しい兄弟姉妹に代わって自分の子供のように面倒を見て、擬似的な親子関係を築いてきた未婚者も多い。甥・姪たちも、そうしたおば・おじをしばしば親のように慕っている。

そしてもう一つ特筆すべきは、財産である。イタリアの財産相続は、慣習的に原則として男女問わず均等に配分することになっている。このため、未婚女性にもその権利が十分あるばかりか、親のケアをすることによって相続を有利にすることも可能である。とくに親の住居はケアをした者に優先的に相続されやすい。また、自分が高齢化すると、自分の財産を譲る代わりに姪などに面倒を頼もうとする独身者もよく見られ、こうした財産の持つ意味は決して小さくないだろう。つまりイタリアの家族とは、誰にとっても、いわばセーフティ・ネットとして機能すると同時に、生活を向上させていくための資源にもなる場所なのである。だから未婚女性たちは、一方において、たしかに家庭の中に閉じ込められがちではあるが、まさにその役割を逆手にとって利用することによって、自らの生活を安定化させるだけでなく発言力を増していくことも可能なのだ。実際、調査地で出会った、特に高齢の未婚女性たちのたくましさの源泉は、ここにあったと考えられる。

6　友人関係の中で生きる

とはいえ、こうした家族に由来する未婚女性の力や戦略は、現在、家族のあり方が変化していくにつれ、効力を失くしつつある。

たとえば、私の調査地よりも都市部に住んでいるモニカの事例をみると、彼女の家では日曜日ごとに多くの家族が集まってくることはほとんどない。近くに住んでいる母方のおば・おじ、いとこたちとは日常的な行き来はしているが、面倒な会食は避けられ、実質的な助け合いも低下している。モニカも彼らに期待するつもりはなく、生活のための資源としての家族という位置づけは低くなっている。この変化は、とくにまだ若い未婚女性にとっては、いまだ就労が難しいなど社会的な枠組みが整っていないこともあって、生活の足場が不安定化する要因になっているかもしれない。しかし彼女たちには、もう一つ、友人関係という生活の場もある。

まずイタリアでは、独身・既婚、男女の別を問わず、みな非常に豊かな（たいては同性同士の）友人関係をはぐくんでいることは確認しておきたい。かつては、暇さえあれば男性は広場に出かけ、女性は家事の合間に路地に顔を出し、それぞれ友人や知り合いたちとおしゃべりをするのが日課だった。そうした光景は、私が調査をしていたような地方の町にはまだ残っている。注目すべきは、そのおしゃべりが単なる暇つぶしではなく、さまざまな情報交換や相互扶助にも発展する内容を含んでいるという点である。

広場の見はらしのよいところでおしゃべりする男性たち。
(左から二番目と四番目は未婚者)

特に男性にとっては、広場で多くの知り合いを獲得することが政治的な力の増強を意味していた。このため未婚男性も、広場での振る舞いを通して町全体での評判が上がる者も少なくなかったが、彼らにとってはそれ以上の意味もあった。そもそも男性は、行動が家内に限られがちな女性とは逆に、家の中にいること自体がほとんどない。そのうえ未婚であれば、家族との関係はさらに限定されやすい。このため広場での友人関係は、未婚男性にとっては、まさに身の拠り所にもなっていたのであり、実際、彼らは、既婚男性以上に長い時間を広場で過ごしていた。最近では広場という場所はあまり活用されなくなっている。しかし彼らは自動車や携帯電話などを活用して頻繁に連絡を取りあいながら会っており、友人関係の重要性は消えていない。そしてこうした友人関係は、女性にとっても最近、意味を増しつつあるのである。

女性たちも、たしかに以前から友人との付き合いを重視していた。そこでは男性同様、情報交換や相互扶助なども活発に行われ、たとえば一人暮らしの老人宅での家事手伝い募集のうわさを聞きつけて小遣い稼ぎをするなど、とくに依存的な立場を少しでも脱却しようとする未婚女性にとってその意味は小さくなかった。調査地で知り合った高齢のジテッラ（離婚者）たちも、仕事を持つ近隣女性の家事を手伝ったりして、わずかだが独自の収入を得ていた者は多い。しかも、上述のように家族の役割が次第に変化していくと、こうした友人関係の重要性がさらに膨らんできたように思われる。モニカの事例に戻ってみよう。

彼女も、仕事や画業以外の時間は、絵の仲間をはじめ様々なきっかけで知り合った友人たちと頻繁に会い、互いの家を訪問したり買い物をしたりしてすごしており、食事を共にすることもある。中でも最も親しい友人が冒頭でも出てきたレーナであり、週に一回は一緒に夕食をしている。私がモニカの友人として一緒に食事に加わったのも、そうした機会だった。レーナは十数年前に離婚をし、以後二人の子供（高校生と大学生）を育てながら絵の講師をしている女性である。モニカは、一〇年ほど前に知り合い、住居が近いこともあって、時に彼女の子供の送り迎えを引き受けたりして親密になったのだという。

モニカの友人たちは、ほかもほとんどが女性である。しかも未婚者や離婚者などの独身者が多い。独身同士だと境遇が似ており、気軽に愚痴をこぼしあったり助け合ったりできると彼女は語る。また、画業には、展覧会の開催や宣伝のため、一人でも多くの知り合いが必要だというのがモニカの持論であり、直接的には絵と関係ない友人との席でも情報収集をしたりさらなる友達を紹介してもらったりしている。最近では、そうした絵に関係する仲間たちが増えて、私たちが食事をしたレストランが、その拠点になりつつある。このレストランは比較的安価でおいしいと界隈で評判の店だが、今では週日の夜には（日曜日は今でも家族の日だ！）たいてい知り合いの誰かが食事をしているので、ふらりと立ち寄るこ

午後のひとときを、ともだちの家に集まってトランプをする女性たち。（右から二番目の女性は未婚者）

ともあるという。たしかにこうした友人関係が、モニカにとってどれだけ実質的に役に立っているかは心もとない。しかし、心理的には彼女の生活の主要な一部になっていることは間違いないし、レーナや他の離婚・未婚者も、それぞれ家族との付き合いを大切にしつつ、こうした女友達との付き合いにも多くの時間を割いているのである。

7　では、日本の独身者たちは？

人間関係の豊かなつながりの中で生きるイタリア

さて、モニカの事例を中心に未婚女性の生活ぶりを見てきたが、そこからは、彼女たちがいわゆる社会的な弱者の位置にありながらも、家族や友人との繋がりを各自の事情に合わせてうまく活用して生活基盤を確保するとともに、様々な活動を展開している様子が浮かび上がってきただろう。その実態は、離婚者等の他の独身者、さらには男性独身者にも、多少の違いや変化はあれ基本的に当てはまる。イタリアでは、どんな形の独身者であれ、結婚していないからといって家族との関係が切れることも他の様々な関係から離れて孤立してしまうこともなく、豊かな人間関係の網の目に組み込まれた生活を送っている。私が調査地等で彼ら・彼女らと付き合いながら、うらやましいと思ったのは、まさにこの点だった。

実際、翻って、自分自身の経験も含めて日本社会の独身者の生活ぶりを見てみると、日本の独身者は、総じて孤立しやすい状況があるだろう。日本では、家族・近親との日常的な付き合いは、一緒に住んでいる世帯の範囲を超えるとまれになっていることは間違いない。そのため家族が、独身者たちの一生を通してのセーフティ・ネットになることは難しいだけでなく、イタリアのように甥・姪を自分の子供のように扱うなどの関係性も生まれにくい。独身者たちが家族の中でいわば「半端モノ」の位置を脱する仕掛けは少ないとも言える。このことは、日本では、結婚して子供を作り独立した家庭を築くことが、イタリア以上に期待されていることを意味しているのかもしれない。また、友人関係にいたっては、職場での付き合いを除くと、近隣や地域での関係は非常に少なく、ゆえに仕事がなかったり退職したりすると、一挙に人間関係が狭くなってしまいがちだ。

誤解のないように繰り返せば、イタリアでも独身者たちがみな一人前扱いされているわけではない。経済的な問題や女性に対する行動制限の規範など、日本より厳しいと思われる状況もある。また、なまじ家族などがセーフティ・ネット代わりになっているため問題の本質に気付きにくく、社会福祉の制度化が進まないなどの批判もある。いつの間にか晩婚化や少子化が進み、バンボッチョーニ等の現象が先鋭化してしまうのも、一つにはそのせいだ。さらに、こうした家族・親族や友人らとの交流も、その密接さゆえに葛藤が起きやすく、煩わしく干渉のしすぎとしてしばしば嫌われる。その傾向は、プライバシーという言葉とともに個人の私的な生活を大切にしようとするライフスタイルが増えつつある若い世代

に強く、その変化も看過すべきではない。しかし、イタリアの独身者たちは、こうした状況に悩み愚痴りながらも、家族や友人たちに依存したり利用したり助け合ったりして、自分たちの生活を少しでも改善しようと日々行動しているのである。そうした彼ら・彼女らのたくましさに比べると、日本の私たちの現状はどうだろうか。

「一人（sola）とシングレ（single）は違う」

ここで最後に、冒頭で述べた会食の席上で、私がモニカたちへの返答に最も窮したのも、まさにこの点だったことを述べておきたい。彼女たちは、日本の独身者事情に興味津津で、「日本では家族は助けてくれないのか、おばやいとこたちはどうか」とか、「仕事場での独身女性同士の助け合いはどうなのか」とか、「帰宅後、友人同士で夕食に行かないのか」等々の問いを矢継ぎ早に投げかけてきた。しかしながら私が、「たしかに日本でも家族の絆はあるけど、いとこなどと付き合うほど広くない」「友人や同僚との食事は、週一回行けばいいくらいだし、第一、日本では、職場の同僚以外のつきあいはほとんどない」「日本って、全体的に人づきあいが少ない社会だ」などと、若干困ったように答えると、モニカもレーナも、不思議そうに「でも、いとこも友人もいないわけじゃないんでしょ。だったら、あんたが誘えばいいじゃない」「一人じゃ、人生楽しくないよ」「そうそう、一人（イタリア語ではソーラ sola）とシングレとは違うんだよ」と返してきたのである。

もちろん、イタリアと日本では社会の在り方が大きく違うため、いくら彼ら・彼女らの生活がうらやましくても、その生活ぶりをそのまま日本で真似することは不可能だし意味もない。しかし、その人間関係の豊かな土壌はともかくとしても、彼ら・彼女らが自らの周囲の人間関係に対してみせる積極的な姿勢には、学ぶべき点は少なくないだろう。

独身者の抱える問題とは、そもそも、独身者に問題をもたらしてしまう社会の問題でもある。日本の独身者の生きにくさの要因の一つが、彼ら・彼女らを取り巻く人間関係の希薄さにあるなら、それは、日本社会の人間関係全般が本質的に抱えている問題であり、独身者だけでなく誰もが、いわば標準的な生活から一歩はずれれば同じ問題に直面してしまう可能性だってあるのだ。とするならば、私たちが独身者の問題を通して考えるべき課題とは、独身者であるか否かに関わらず、自分たちの家族の在り方や友人関係（コミュニティとも言い換えられる）そのものを問い直していくことではないだろうか。実際、「では、あなたたち日本のシングレは、自分たちの問題をどう考えて、生活や社会をどう変えたいと思っているのか、今度は、あなたたちの意見が聞きたい」と問うモニカやレーナたちの声が聞こえてきそうである。

「シングル」をひらく

フランス・パリ地域のひとり×ひと・びと

植村 清加
Uemura Sayaka

1 はじめに

パリの一人暮らし

フランスで暮らす北アフリカ地域からの移住者たちの暮らしと生の経験を聞くために、細々とパリ地域に行きはじめて九年になる。はじめてこの地域に住んだ頃、私は一人暮らしだった。地下鉄路線図と地図を読み、スーパーで買い物して家に入れれば、慣れない言語に慌てることもなく一応は暮らせる。ラジオやテレビをつければ人びとの言葉が流れ、電話やネットをつなげば会話もできる。家で仕事や雑用をするうちにパン屋やスーパーのレジの人としか口をきかない日。ほとんど無言で街中を移動しても、用事が済む。生身の人と言葉を交わさなくても暮らせる環境は、結構怖いなと思ったものだった。看板、地図、改札、銀行のディスペンサー、スーパー、商品に付いた説明書き、文字、辞書、メディア、住居。使いこなせるリテラシーがあれば、こうした環境はすぐに人をひとりにする。

それは単純な孤独ではなく、自由でもあった。ひとりについての話はいつも、この辺がポイントだ。

ひとりで食事していたのに合い席のマダムとひとときを過ごしたり、電車の向かいの人が手元の詩の解釈を手ほどきしてくれたり、出入りする店や図書館におしゃべり仲間ができたりするから、この街は面白い。路上のベンチで散歩中のおばあさんの暮らしぶりを聞くこともある。お花の髪留めがきっかけで話すことになった八二歳の女性は、転んでから悪くなった足をそれでも動かすために日課の散歩をしていた。パリ一一区にある彼女のアパルトマンは、通りの騒音もなく静かで快適、お気に入りだという。「夫が亡くなってから寝てばかり。私にはもう、パパもママも夫も、誰もいないの。今日はあなたに会えてよかったわ」。そういってもときた道を再び歩いていく。彼女は憂いをもった口調で不在の家族を口にした。その一方で私が出会った多くの人々が、週末に顔を合わせることや一緒に食事を囲むこと、電話をかけて日々の様子を聞くことなど、家族や恋人、子どもや友人との時間をつくりだすことによって、そうした関わりあいを生きていたのも事実である。人が生涯のなかでつくる関わりあいには濃淡も役割関係もある。人と人が接近しあうのと同じくらい、そこには距離が含まれている。だからこそ人は社会的な存在なのだろう。

「シングル」という視点

一般的に「シングル」という言葉は、結婚していない人を指すことが多い。多くのシングルが、カップルや家族、親子など特定の関係性――それはいつも「親密な」何かだ――を前提にした上で、それが「ない」状態を想定して使われる。親密な関係性というものが、「人にあって当然のもの」と想定されて

いて、ひとりはその欠如態と思われてしまうから、「不安」や「孤独」、「弱さ」の表象と結びつけられてきたのではないかとさえ思う。

ここで私が取り上げるのは、パリ地域で暮らす北アフリカアルジェリア系の人々のお話。パリ地域の人びとには、社会秩序やルーティンに疑問を持ち、新たな発想を受け入れつつ、そこから社会を更新していこうとする傾向がみられる。彼らなら、「私ひとりですが、それが何か?」というかもしれない。それでもなお、あるいはだからこそ、そうした社会環境のなかで人々は何に迷い、何に心を砕いているのだろう。ここではシングルに関する語りを、より広い関係性からなる生き方として開いていく可能性を綴ってみたい。フィールドワークを通じて出会った三〇歳代～四〇歳代の人々が、同時代的に一〇年の幅をもって生きる姿に触れるなかで見えてきたその暮らし方をみていこう。

2 フランスの多様な家族形態

多様な「結婚」のあり方

まずフランスの家族についてみてみよう。フランスの人口は、約六四七〇万人(二〇一〇年一月現在)。二〇〇七年に結婚した人の数は二七万三六六九人、人々の「最初の結婚」の平均年齢は、男性三一・五歳、女性二九・五歳である。一方、単身者は男女とも約八割が独身、残る約二割が離婚や死別による。同年誕生した新生児は八二万一千人だが、五三%がいわゆる婚外子、つまり婚姻形態以外の関係の下に生まれている（*Statistique de l'état civil*, INSEE）。

　この統計でいう結婚とは、民法に基づき役所 mairie で結婚式を行い、届出される法的結婚を指す（mariage civil）。結婚は二人の同意だけでなく、社会的承認の下で行われる。そのため役所では市長（か市長代理）の下、証人同席のなかでパブリックな宣誓式が執り行われる。またパリ地域の自治体が毎月発行する地域誌の最後のページには、その月に誕生した新生児の名前、結婚した人たちの名前、亡くなった人たちの名前と年齢が掲載される。私たちが「個人もの」と思いがちな、人の誕生、結婚、死は、社会のものなのだ。

貧民・孤児・身寄りのない老人・無宿者等々が救済されていた「神の家」が、20世紀には社会福祉と社会連帯の対象になった。「父親の認知がない子供」の名義上の親が「共和国」だった時代はそう昔のことではない。（パリ施療院／貧民救済博物館 Musee de l'AssistancePublique – Hopitaux de Paris）

　法的結婚以外にも社会的承認の方法はある。宗教に基づく結婚（mariage religieux）も長らく人々に支持されてきた方法だ。役所での結婚の後に、教会や寺院等それぞれの宗教や慣習の方法に従った結婚宣誓式を執り行う。カップルによって民法での結婚と両方行う場合と、どちらかだけの場合とがある。た

だし、法的結婚手続きをしない限り、国の公的な身分証明上は独身のままだ。

フランスでは二〇世紀になって結婚を定める法律から「夫は妻を保護し、妻は夫に従わなくてはならない」という序文が削除された。しばしば指摘されるが、一九六八年の学生運動、ピルの使用や人口中絶の合法化もあり、一九七〇年代後半から八〇年代には恋愛もセックスも男女の「自由意志による結びつき（union libre）」とする〝事実婚〟が増加し、結婚制度と家族を相対化した。現在では、同性または異性の成人二名による共同生活にあたりＰＡＣＳ（民事連帯契約 Pacte Civil de Solidarité：一九九九年制定）を締結する選択肢もある。ＰＡＣＳは、裁判所を通じて行う「契約」であり、いくつかの違いを除くと婚姻に準じた社会保障等を受けられる。関係解消において離婚と異なるのは、ひとりの一方的決断で可能な点と双方が自動的な遺産相続者にならない点だ。二〇〇九年には一七万五千件（うち九五％が異性間）が結ばれ、婚姻数との比が三対二と、結婚を選択するカップルに迫ってきている。

学生時代やそれ以後に、一人暮らしや友人・パートナーとの同居生活をするのが珍しくないこともあって、私の出会った人たちのなかにも異性または同性のパートナーと共同生活する人びとがいる。また、事実婚や数人子どもをもうけての事実家族の末に法的にも結婚する人々、非婚形態でカップルや家族関係を営む人々も多い。さらに、死別のみならず、そうした関係解消のケースも見られる。

親子関係の変化

結婚形態の多様化や男女の結びつき方の変化のなか、親子はどうだろうか。男女平等の浸透が一周りした現在、強くなりすぎた母と女の権利に対して父親の復権と、子どもの視点を重視する時期がきている［浅野 二〇〇七］。母子手帳に加え二〇〇二年には「父親手帳」がスタートし、事実上の活用に困難な部分があるとはいえ父親の出産・育児休暇の権利も承認されはじめている。また、長らく母親が引き取る／勝ち取るケースが多かった離婚・離別後の子どもの親権も現在では、子どもの権利の観点から両者が共同の親権を持ちはじめ、二〇〇二年からは両親の養育権を同等に認める交代制養育制度――子どもが両親それぞれの家を往来しながら暮らす方法で、医療費等の社会保険もこの現実に対応――が公認されている。フェミニズム以後の時代と世代を、暮らしのなかのつながりから見つめ直すことが今の私たちには必要だろう。

3　アルジェリア系移民の結婚とシングル

移民の息子カメルの結婚と子育て、そして別れ

こうした社会変化とともに、アルジェリアからの移民の息子として、パリ郊外で育ったカメル（四五歳。年齢は二〇一〇年現在。以下同じ）を例に実際の家族の在り方をみてみよう。カメルは長らく、イタリア人移民の娘としてフランスで生まれたイザベル（四二歳）と同棲し、事実婚のまま娘と息子を育ててきた。最初の子が生まれたとき、カメルの両親は二人に、「法的にも社会保障の面でも事実婚でもいいが、子どもができたからには結婚を」と、イザベルがイスラームに改宗した上での宗教上の結婚を薦

めた。でも、自分の宗教的背景を守り、子どもにも伝承したいと考えるイザベルは、キリスト教からの改宗を断り、「モスクで誓えて教会で誓えない結婚ならしない」といって、二人はパリから少し離れたニュータウンで事実婚を続けた。出生地主義のフランスでは、両親が外国人でも子どもたちはフランス人になる。二人のように「フランス人同士」であっても、実際の日常生活は、多民族・多文化社会の環境下にある。世界各地からの移住者の多い都市部では、多様な文化的背景とともに暮らすことになるのだ。

劇場のコメディアンであるイザベルと劇団の会計を担当するカメルは外で働く日と家で仕事する日を分担しながらそれぞれの仕事と子育てを両立させてきた。イザベルが夏にアヴィニョンの演劇祭で数週間留守にする間も、カメルは子どもたちを一人で引き受ける。男性がオムツ替えもミルクもあげる世代であり、男だからと子どもを祖母たち女性陣に預けたりはしない。育児を女性とともに担う彼らは、子育ての大変さと醍醐味を経験し、父子の間に近しいアタッチメントをつくっている。

一五年続いた二人の生活は二〇〇八年、イザベルが新しい恋人をつくって解消された。彼女はカメルに別れを告げ、九歳と四歳の子どもを連れて住みなれた家から車で三〇分ほどいった田舎暮らしのできる田園地域に新しい恋人と住みはじめた。子どもたちはママの新しい恋人も、パパと呼びはじめたようだ。一方カメルは朝、車で子どもたちを迎えにいき、幼稚園と小学校に送るほか、週末は自宅に子どもたちを連れて帰る。夏休みも、二人は子どもたちと過ごす週を互いに調整し、別れた後も父母として子どもとかかわり、子どもを通じて（週末何をして過ごしたか、健康・食事の話や育児スケジュールの確認も含め）互いにかかわりあう。

パートナーを別の男性に奪われ、子どもたちと毎日一緒に暮らせなくなる。しかも、彼らの新居からつかず離れずの場所に住み、子どもたちを送り迎えし、別れた後も連絡を取り合う。勝手ながらつい私まで苦々しい気持ちになる。「フランス人のメンタリティって変だろ?でもこうしてやってくしかない。私たちの愛はもう古くなったっていわれちゃったんだから」とカメルはいう。パートナーでも親子でも、自分と相手が別の人間であるからには自分の思い通りにならないことを受け入れなくてはならない（それはまた彼がこの痛手をなんとか乗り越えようとするのを可能にする考え方でもあるのだけれど）。男女・親子ともに〝自由な結合〟（union libre）による関係肯定型の関わりあいが続いている。

二〇〇九年の夏、イザベル抜きになった父と子どもたちはモンペリエへとヴァカンスにでた。そこには二〇代で知り合った女友達が移り住み、パートナーと営む牧場がある。ニワトリ小屋の世話やプールにキャンプファイヤー、葉や砂を用いた「ナチュラルなトイレ」でコンポストを作り、農場で働く若者たちや友達家族と過ごした様子を、たくさんの写真とともに聞かせてくれた。写真の向こうには、子どもたちの成長を見守るのが父母だけではないこと、またそうした人々の間で、新しい経験と年齢をともに重ねていく、父親でもあるひとりの男と子どもたちの姿が確かにあるのだ。

一人暮らしのシングルの増加と移民の娘ソニアの想い

こうした結婚の相対化・多様化に加え、一人暮らしのシングルの増加も顕著になっている。私がフィールドワークをするパリ市とその郊外に位置するオー・ド・セーヌ県の人口は約二一一万四千人と約一五三万二千人だが、パリ市の結婚世帯は約四割、離婚・死別による単身世帯が一割で、残る約半数（四九％）が独身世帯である。オー・ド・セーヌ県は、三三自治体からなるのでばらつきはあるものの総じて離婚死別による単身世帯が一・五割、婚姻世帯と独身世帯はどちらも約四〜五割で、独身世帯は拡大している。高齢者だけでなく、長らく「子どもを産み育てるはず」と考えられてきた二五〜四〇歳世代のシングル化も注目されている。しかし、内実は多様だ。実子や養子のほか、イザベルの新たなパートナーのように恋人になると同時に「子どもをもつ」人もできる場合や、パートナーがいても非婚主義で子どもも持ちたがらない人もいる。とはいえ、現在独身であってもいずれは結婚、あるいは子どもを持ちたいという人は、私が知る限り少なくはない。

カメルと同じくアルジェリア系移民の子としてフランスで育ったソニア（五〇歳）は、独身で一人暮らしの女性だ。近所で開かれたアルジェリア人同士の結婚式のお祝いに行き、旧い知人に会うと「久しぶり、で、ご結婚は？」と聞かれる。「してもしてなくても大した話題にならないんだから、ほかに聞くことはないの？　何某の妻という位置で関わりあうのは苦手」とソニアはいう。フランス人と結婚した妹（三五歳）の義母からも、彼女が「独身である理由」を聞かれる。「テレビでみたけど、アラブの人たちには娘を強制結婚させる習慣があるんでしょう。なのにご両親はさせなかったの?」。もっともらしそうな異文化誤解も横たわる。「強制結婚はEUの法律でも犯罪に問われる。それにうちの親は姉を無理やり結婚させたりしない。ソニアが独身なのは、彼女が結婚したくないからよ」と妹は姉を擁護する。理由が求められる点で、シングルが増加していても独身はマイナーな存在といえなくもない。離婚したのか、一度も結婚してないのか、なぜ結婚しないのか。ゴシップ、世話やき、時候のあいさつ、なんだかんだと周囲は彼女の生き方に介入してくる。

アルジェリアの影響をうけた母の家庭教育は、奔放な性交渉を奨励するものではなかったから、男友達がいても親密な関係には慎重だった。でも結婚さえできれば相手は誰でもいいと思うほど、結婚を重視しなかったのも確かだ。そんな彼女でも、四〇代半ばを過ぎた頃から「私はまだ出産をあきらめてないのよ。生理がくると子宮に、待って！相手をみつけてくるからまだ終わらないで！と言ってるの」と冗談めかして打ち明けたり、養子の情報を集めだした。人びとは自分の身体や人生を、横のパートナー関係だけでなく、子どもという縦の関係からも想像している。もちろん、子どもがいない人生、できない人生を含め、子どもがすべてではない。でも「個人の意志」を尊重し、自由な選択を求める社会にあっても、誕生から暮らしまで自分ひとりではままならない領域を意味する子どもという存在と関わり合いながら人としての年齢を重ねるというビジョンは、人がその一生を想像するとき決して小さな領域ではないのかもしれない。この点でシングル化現象とは、周囲との関係から自由になるためにひとりであろうとする人びととの関心を表すものとはいえないのだ。

4　シングルという生き方

移民社会と「一人暮らし」の意味の変化

これまで紹介してきた二人が、一人暮らしや事実婚という形で「両親の家をでた」のは一九八〇年代の終わりから九〇年代のはじめだった。特にソニアが三〇歳で一人暮らしをはじめた八〇年代末当時、独身女性が一人暮らしをするのに周囲は全くいい顔をしなかった。彼女たちの両親はアルジェリア南部の砂漠地帯の出身だ。一九三〇年代のフランス領アルジェリアで学校に通うのも珍しい環境で育った親たちの世代にとって、イスラーム教のバックグランドもあるこの地域の一般的慣習では男も女も結婚してはじめて実家を出る。つまり「人」は、両親や家族と住むか、夫あるいは妻と住むかであり、未婚や独身はあっても、一人暮らしというライフスタイルは男にも女にも「普通はない」ものだった。

彼らの間にもしばしば離婚は存在するが、離婚と未婚は同じではない。「慣習では、何歳になっても未婚なら若い娘や男の子扱い。発言の扱いも違う。さらに結婚しても子ども、特に男の子の親にならないと安泰とはみなされない」とソニアはいう。どの性別のどの社会的ステイタスだろうと、様々な社会規範からのプレッシャーがあることを彼女は見抜いているわけだが、そこからいくとシングルはシングルでも、一度結婚を経た離婚者と未婚者の社会的扱いは異なり、一人前の女性・男性として社会的に承認された既婚・離婚者の一人暮らしと、「いまだ半人前の若者」とみなされる未婚者が家をでてひとりで暮らす行動は、大いに異なるものだったのだ。

フランスに移住しても家族の周囲にできた移民たちの近所づきあいは、こうしたライフスタイルを規範として再生産する母体になった。七〇年代の終わりに二〇代の結婚適齢期を迎えた彼女と同世代の友人の多くが、親や知人の仲介を経て年若くしてアルジェリアや、在仏アルジェリア人同士で結婚した。フランス育ちでも「結婚式の日にはじめて相手をみた。あの頃はそういう時代だったのよ」という女性たちもいる。一方にこうした移民たちの間にできたトランスナショナルな地域社会の了解事項があり、他方フランス社会で事実婚が広まり、結婚することや結婚という社会制度を個人間の関わり合いとし、規範としての家族からはみ出た選択をする人々がでてきた時代を、ソニアたちは生きてきた。独身であること以上に、ひとりで暮らすこととは「自分の母たちとは違う生き方、彼女たちが知らなかった生き方をする行為だった」という。

大家族の長女は家にいると主婦のような存在になる。外で働いた経験のない移民の母親は、フランス語やフランスの学校・病院・会社の仕組みに詳しくないため、家事に加え兄弟姉妹の世話や相談を受けるのは多くの場合、彼女のような年長者だった。家で家族の世話を引き受ける一方で、周囲の友人たちが嫁いだ分、友達が減った。「二〇代の頃、外に働きにでたいといわなかったら、きっと私は孤立していた」と彼女はいう。こうした家庭内の孤立の経験は、大家族に嫁ぎ「専業主婦」となってひとりで外出するわずかな機会も持てなくなった女性たちからも聞かれるものだった。彼女たちが語る孤立は、家族を否定するものではない。しかし家族もまた、人をとりまくつながりの一つであり、そのすべてではない。親や姑世代は「一緒に暮らせる家族がいるのに、何でひとりで暮らす必要があるの?」というが、

赤ちゃんは、次から次へ、いろいろな人たちの手に抱かれ、見守られながら育つ。どの年齢になっても、それは同じ。

ソニアや彼女より若い世代の人びとは、その環境では「窒息」してしまいそうになる。「親たちは親密な往来のなかで息抜きする方法を知ってるけど、私たちは別の方法で暮らす方がいい」。個人宅の掃除やベビーシッター、職業教習会、保育園やソーシャルワーク等、仕事を通じて家の外とのかかわりを積極的にもったソニアはその後、スキャンダラスといわれつつも、実家に近い場所で一人暮らしを始めた。

いま、父親手帳が発行されるほどまで男女の役割が解体されつくしたようにみえる社会では、男性も女性も一人暮らしで困ることはほとんどない。ソニアは家の大工仕事も自分でできるし、高いところにあるものは椅子や梯子があれば取れる。無理なら友達や兄弟に手伝ってもらう。自分でやるようになって日曜大工の楽しみも覚えた。疲れた日に無理に料理しなくていいし、金曜の夜や週末は友達や姉妹と映画に行ったり一緒に夕食を食べるため、常に孤独なわけでもない。

手助けを頼むのは、兄弟や友達に限らない。路上でみつけた本棚を運ぶとき、彼女は通りすがりの若い男の子二人に声をかけて家の前まで運んでもらっていた。市場で料理の仕方がわからない野菜を好奇心から購入した際もそうだ。隣で同じ野菜に手を伸ばしたカリブ地域出身らしいマダムに、「どうやって食べるんです？」と聞いて、野菜の特徴、煮方、お勧めの味付け方法を教えてもらう。母や友達から習ったり、本やネットでレシピを探すこと、知り合いに助けてもらうだけでなく、目の前を通る知らない人々にも手助けを求めたり、聞いてみる、話してみる、教えてもらって、手や知を分けてもらえる。こうした人びとへの働きかけや、知らない他人でも話しかけ、自分の暮らしを手助けしてもらったり、彩りをわけてもらいうる人として捉えていることこそ、彼女たちが一歩を踏み出した新たなシングルから開かれゆくものなのではないだろうか。

お互いを差し出す、disponible の領域を持つ

フィールドの人びとにとっても、家族は大事な存在であり、パートナーや自分の子どもは特別な存在だ。それは、そうあるべきという規範とも重なる。しかし、人はそれ以外の関係性や場所でも、生きている。そうした部分を認めることで逆にその家族や親子、友人でさえ、もとはシングルとシングルのつながりのひとつの形だということがわかるはずだ。シングルを生きることとは、結局のところ人とのつながりとともに生きる私たち一人ひとりに関わる事柄なのだ。

フランス語に disponible という単語がある。「今日暇？」というときにも使うが、自由に処分したり使っ

たり、手に入れられる時間や手、空きを指す。彼らは自分のためにも、他者のためにも、柔軟にdisponibleな領域を作り出そうとする態度を手放さないように思われる。ソニアはいま、出産したばかりの妹のもとに心がけて出かけては赤ちゃんに会い、愛しみ、その成長を見守っているが、こうした行動は母となった妹の話相手や彼女がわずかでもひとりになり、他のことをする時間をもつ助けになっている。子どもの泣き声をきっかけに、高齢となった人たちが向かいの若いお母さんと行き来しあうなど、同じことが友人間やご近所同士にもみられる。「彼は未来の僕らの姿だ」といいながらひとり身の買い物が難しくなってきた高齢者の財布の開け閉めや荷物の出し入れを手伝う若いスーパーの店員は、高齢者と世間話しあう間柄でもある。そこには状況の異なる他者の生への関心と共感がある。

シングルたちが他者と関わりながら暮らしていく方法からは、私たちが「同じ」でなくても一緒にいたり、近しい人との間に距離をつくること、逆に無関係の人同士が言葉を交わし、関わり合うことが決して無意味ではないことを学べるだろう。シングルを欠如態ではなく、可能態としての生の在り方として語り直すとき、私たちは自分をとりまく無数のつながりの在り方を再発見できるのではないだろうか。

［参考文献］

浅野素女　二〇〇七『フランス父親事情』築地書館。
ジャン＝クロード・コフマン　二〇〇六『料理をするとはどういうことか――愛と危機――』保坂幸博・マリーフランス・デルモン訳、新評論。
François de Singly, 2003. *Les uns avec les autres. Quand L'individualisme crée du lien*, Paris: Hachette.

ひとりで暮らし、ひとりで老いる

北欧型福祉国家の支える「個人」的生活

高橋 絵里香
Takahashi Erika

1　調査者の孤独

私にとって、フィールドワークというのは孤独な作業である。お節介な現地の人々が人類学者を一人にしてくれない、プライベートの時間が欲しくなった、という話はよく聞くけれども、それは小さな村に住み込んでいる場合か、人間関係が濃密な地域の話だろう。北欧、フィンランドの高齢者福祉を研究テーマとしている私の場合、福祉施設から帰宅すれば一人の時間はたっぷりあった。現地の人と結婚しているわけでもなく、大学に通っているわけでも働いているわけでもない。もちろん、旅行者でもない。完全にイレギュラーな形でフィンランドという国に暮らし始めた私にとって、最初に滞在した一年八ヶ月間は孤独との戦いでもあったのだ。

一緒に出歩く友達ができて、参与観察先の福祉施設の人たちと打ち解けるようになっても、まだ不安だった。私が何となくイメージする人類学者は、道を歩いているだけで人から声をかけられてなかなか目的地に辿り着けないとか、勝手に皆が自分の暮らすテントに押しかけてきてプライバシーのかけらも

ないとか、そういう悩みを抱えているものだ。ところが私ときたら、福祉施設が休みの日には、部屋でぼんやりと「ゴッドファーザー」三部作を一人鑑賞している。これはもしかして、調査に失敗しているのではないだろうか？　人類学者だったら、もう少し社交的で賑やかな暮らしをするべきではないのか？　けれども、長い一年八ヶ月の終わり頃には、そうでないことに何となく気がついていた。

どうやら、この社会では一人で過ごす時間というのは尊重されるべきものらしい。そして、私以外にも多くの人々が、家族と別れて一人で暮らしているのだ。

2　シングルであることが当たり前の社会：北欧、フィンランド

北欧という地域には、常に素敵なイメージが付きまとっている。豊かな水と自然、シンプルでモダンな北欧デザイン、世界で一番進んだ教育制度や、「北欧型」と呼ばれる福祉国家。でも、北欧諸国が地球上でもっとも単身世帯の多い地域であることは、あまり知られていない。「単身世帯」というのは、結婚していない独身者や連れ合いに先立たれた老人など、一軒の家で一人だけが暮らしている世帯のことだ。フィンランドの全世帯にみる単身世帯の割合は全国平均が四〇・六％（二〇〇八年時点）で[Tilastokeskus 2009a]、日本の二五％を大きく上回っている。そして首都ヘルシンキよりも単身世帯率が高く、おそらく世界でもっとも「物理的に一人」で暮らしている人が多い街の一つが、私の暮らしていたトゥルク市なのである。

トゥルク市の単身世帯率は五〇・六％と、全世帯の半分以上を占める。人口一七万の町に総合大学が二つあり、街の規模と比べて若者が多いせいもあるだろう。大学があるということは、昔ながらの考え方に捉われない人々が多いということでもある。つまり、付き合っている相手がいても結婚しないという選択をする人々も多い。

結婚していない相手と同居することを、フィンランド語ではアヴォリーット（avoliitto）と言う。直訳すれば、「開かれた結婚」だ。北欧やオランダ、オーストリア、フランス辺りではありふれた習慣で、フィンランドでも二〇〇八年時点で複数の成員からなる世帯のうち二一％がアヴォリーットとして登録されている［Tilastokeskus 2009b］。ただし、四一％の子供は婚外子として誕生しているから［Tilastokeskus 2009c］、現在は法律婚を選択しているカップルでも、一定の同棲期間を経て子供が生まれたあたりで結婚式を挙げる場合が多いようだ。いつ法律婚へ移行するかについて決まったルールはない。例えばフィンランドの現大統領タルヤ・ハロネンは、彼女が大統領に就任したことをきっかけとして同居婚の相手と正式に結婚している（ちなみに彼女はシングルマザーでもあった）。

フィンランドでは同居婚に特別な手続きはいらない。パートナーシップ登録をすることもできて、同性カップルにとっては結婚と同様の意味合いを持つけれども、男女のカップルではあまり一般的ではないからだ。けれども、具体的な内容において法律婚と同居婚はほとんど変わらない。公的な扶助、例えば社会福祉給付なども、夫婦と同じ扱いを受けられる。子供がいる場合は、税金や社会福祉サービスにおいて同じように優遇される。相続制度だけは別で、同居相手が死亡しても自動的に財産を相続する権

利は生まれない。

こうしてみると同居婚は先進的な制度なのだけれども、その手軽さはパートナー関係の不安定さにも繋がっているようだ。例えば私の周囲でも、寮や学生会の所有するアパートに入居した若者たちは、好きな人と出会ったら身軽に引っ越して、同棲生活を開始していた。同棲が長く続けば、周囲の友人達も徐々に彼らは同居婚をしているとみなすようになる。

しかし、若い同居婚カップルは、意外とあっけなく別れてしまったりするのだ。もちろん長続きする場合も多いのだが、そんな簡単に生涯の伴侶と出会えるならば、世に恋愛小説は流行らないだろう。そういうわけで、トゥルク市には多くの単身世帯＝シングルが暮らしている。

そして、これだけ多くの人が一人暮らしをしているのに、フィンランドはなかなかシングルとして生きづらい社会でもあるのだ。

3　シングルのための教会奉仕職：福祉サービスの対象としての独身者

私がフィンランドで調査をするようになって驚きつつも感心したのは、大きな娘や息子がいるようなお母さん達が、「私の娘のボーイフレンドがね」「私の息子のガールフレンドがね」といった話をしょっちゅうすることだ。ほとんど家族同然の扱いなのである。その理由はすぐにわかった。フィンランドで彼氏や彼女を作るということは、付き合い始めてすぐに両親に紹介し、次のクリスマスや復活祭や夏至祭りには、どちらかの実家へカップルで訪れて、家族ぐるみで過ごすということでもあるのだ。結婚と恋愛の境目があいまいだから、「嫁」や「婿」と「子供の彼氏彼女」の境界もはっきりしないのだろう。

そもそもフィンランドにおける年中行事とは、家族が一緒に過ごすべき時間である。他の欧米社会と同じように、クリスマスはカップルがデートをする日ではない。カップルと家族の合同行事である。それが単身者にとってはなかなかハードルの高い日となることは想像がつく。兄弟姉妹がパートナーを連れてきていて、二親も揃っていたら、相手がいないのは自分だけなのだ。単身フィンランドに渡った私も、お招きにあずかった先で自分以外はみなカップルという状況をよく経験したけれども、どんなに気を遣ってもらっても微妙な居心地の悪さを感じたものだ。

そんな事情を反映するように、トゥルク市には興味深い職業がある。それは、「シングルの仕事」をするディアコニ（教会奉仕職）だ。フィンランドでは、全人口の約八〇%が福音ルーテル派教会に所属していて、教会は保育園や学童保育の施設を運営したり、人々の生活と福祉に貢献している。特に重要なのが、高齢者や障害者、貧困状態にある人々など、福祉国家の手助けだけでは足りない人の援助をするディアコニ（diakoni）という職業だ。トゥルク大教区が直轄するディアコニ事務所には、移民、高齢者、障害者などのそれぞれの専門領域を持つ人々が勤務している。ここに三年前に新しく誕生したシングルに対するサービスを専門とするディアコニが、私の友人のカイヤなのである。シングルに向けた教会の社会サービス自体は、これまでもそれぞれの教区のディアコニが提供しているが、それだけをもっぱらの仕事とするディアコニがいるのは今のところトゥルク市だけだ。これは、この街が全国平均と比

較しても圧倒的に単身世帯が多いことが背景となっているらしい。

そもそもシングルを意味するシンック（Sinkku）という単語自体がごく最近になって一般化したもので、シングルが大きなリスクを抱えた集団だと理解されるようになってきたのも、カイヤによれば近年のことらしい。統計的にシンックは家族を持っている場合よりも体調を崩しやすいという結果が出ているそうだし、家族で支えることができないから収入が少ない場合もある。つまり、社会民主主義（北欧型）福祉国家フィンランドにとって、シングルは福祉対象者となりえるということだ。

カイヤはいつも、何らかの催しを企画している。シングルの教区民だけが参加する遠足、夏のバーベキュー、クリスマスパーティーなど、年中行事が満載だ。誤解しないで頂きたいのだが、彼女は別に結婚斡旋所をやっているわけではない。相手を見つけることが目的ではなくて、相手がいなくても寂しくないように、人々が集まる場所を作るのが彼女の仕事なのだ。「そもそも、シングルと言ったって、世代はバラバラなのよ」とカイヤは言う。「だから、むしろ親子みたいに仲良くなることも多いわね」。

なるほど、結婚が目的ではないことは分かった。でもなぜ、ここまでイベントばかりを催すのだろう。思うに、フィンランドの家族の形というものが、ここに表れているのではないだろうか。冒頭でも書いたように、家族が時間を共に過ごすのは年中行事の時だけ。だから、その最低限の条件を満たせない時は教会や行政の出番であり、福祉の対象となるのである。

4　おひとりさまたちの老後が実現している国

さて、ここまで紹介してきたフィンランドの家族の形を皆さんはどのように思われるだろうか。シングルまでがサービスの提供カテゴリとなる福祉国家の徹底ぶりにはちょっとたじろいでしまう一方で、ディアコニたちの活動がアットホームなものであることも、私はこれまで見てきて知っている。自由で息苦しくないところは素晴らしいけれども、だからって寂しさは帳消しにできないのだな、というのが正直な感想だ。制度の良し悪しではなくて、フィンランドという社会に固有の家族のあり方が影響しているのだろう、とも思う。

日本に暮らす私にとって、年中行事は必ずしも家族と過ごす必要のないイベントだ。クリスマスは家族ではなく恋人と過ごす方が一般的だし、お正月やお盆休みに友達と旅行する人だって多いだろう。逆に、からだの不自由な老親が一人暮らしをしているのを子供たちが放っておくとしたら、それは少々問題だとされる。年中行事以外の日常において、親と子はなるべく一緒に暮らした方がいいし、助け合うことが「普通」なのだ。

ところが、フィンランドにおいてはまったくそうではない。子供が親の面倒をみること、つまり扶養の義務は、フィンランドでは一九七〇年に否定された。これは、北欧では第二次世界大戦で敗戦した唯一の国であるフィンランドが、戦後の復興、急激な都市化、そして福祉国家建設に向けて動き始めたのが、大体六〇年代頃からであったこととおおむね連動している。都会へ出て働く人が増え、地方に取り

残された両親の面倒は自治体が見る。だからこそ、年中行事という数少ない機会が、離れて暮らす子供が帰ってきて家族と過ごす時間になっているわけだ。

実際、フィンランドではお年寄りが一人暮らしをすることが当たり前になっている。お年寄りが子供たちと同居する例はむしろめずらしいくらいだ。私が高齢者福祉に関する調査を行った群島町（仮名）の場合、行政に登録された家族介護者が人口一二、〇〇〇人の町に八三人いて、そのうちで子供による親の介護は一〇件しかないくらいだった。行政に登録していない人もいるだろうと想像されるかもしれないが、行政からの支援金が出るので登録していない人はそれほど多くはない。そんなわけで、群島町の人口の一八％に当たる約二、一〇〇名の六五歳以上の人々が、配偶者と二人暮らしか、そうでなければ独居生活を送っている。そう、「おひとりさまの老後」はフィンランドではごく当たり前の話なのだ。

この本を読んでいる人の中にも、家族介護を経験している場合はあるだろう。あるいは、年金や介護をめぐる社会問題を新聞で目にして、自分自身の老後の生活設計に不安を覚えた瞬間は、誰でも持っているに違いない。そうした日本に暮らす私達の立場からすると、フィンランドの人々が経験する老後は、若者たちのそれと同じくらい羨ましいような気がする。

でも、現実の暮らしはそう簡単ではない。

5　お年寄りが在宅で暮らし続けることのメリットと危険

日本と同じように、フィンランドでも老人ホームの数を減らし、できるだけお年寄りが自宅にとどまることのできるような仕組み作りに力が注がれている。これは、考えてみれば当たり前のことだ。住みなれない施設で暮らすより、慣れ親しんだ家で過ごす方がいいに決まっている。その方が人道的だ。しかも、在宅介護の方がお金もかからないのだから、地方自治体の経済状態もあまりよくない昨今、お年寄りにできるだけ長く健康状態を保ってもらい、自宅生活を続けてもらうことは、みんなにとって都合がいい。だからこそ、フィンランドでは予防ケアや在宅で過ごすための様々なサービスが提供されている。

群島町でも、在宅で一人暮らす高齢者たちを、行政のスタッフが支えている。一日に三回ホームヘルパーが家を訪れ、タクシーを利用した配食サービスが昼食を配って歩く。デイサービスがあり、サウナサービスがあり、訪問看護師がいて、料金もちゃんと配慮されている。お金が足りなかったり満員でサービスを受けられなかったりといった事態は今のところ出現していない。その意味で、「進んだ」北欧型福祉国家は群島町においても実現していると言えるだろう。

しかし、物事はそう簡単に行かない。私がホームヘルパーの人々と一緒に独居するお年寄りたちの家を回り、デイサービスセンターでボランティアした時に見聞きしたのは、もう少しままならない現実である。

冬の夜に訪問介護へ同行し、「白樺の郷」というケア付き住宅のエリアを巡回していた時のことだ。

テラスハウスに暮らすおじいさんからヘルパーの携帯に電話が入り、どうも近所のおばあさんが外をうろついているようだと聞いて、慌てて急行したことがある。「白樺の郷」の敷地内で発見されたおばあさんは、スリッパに部屋着のまま、零下二〇度近い屋外をうろついていた。私たちは彼女を部屋に連れ帰り、すぐにシャワーを浴びさせて（彼女は糞尿にまみれていたので）、着替えを手伝った。彼女は重い認知症を患っていて、自分の状態をよく分かっていない様子だったが、非常に危険な事態だったのだと思う。何しろ、フィンランドの冬は寒いし、夜は暗い。十分な装備なしに長時間屋外をうろつけば、命の危険すらあるのだ。

「白樺の郷」は、二四時間ホームヘルパーが常駐しているので、まだ良いかもしれない。危険なのは、一般の住宅に暮らす場合だ。だからこそ、あの手この手を凝らして独居高齢者の徘徊を防ぐ試みが行われている。例えばお年寄りの多く暮らす高層住宅では、家の入口にアラームがついていて、夕方に訪れたホームヘルパーがスイッチを入れる。それ以降に家を出ると、自動的にアラームが鳴って、訪問介護事務所に通報が行くようになっている。さらに、高層住宅の出入り口も夕方の七時以降は鍵を持っていないと内側からも開けられないようにロックされ、うっかり高齢者が外に出ないような仕組みになっている。一軒家に住んでいるお年寄りの場合、入口にカードをかけておいて、ホームヘルパーが訪れるたびに今は「昼」なのか「夜」なのかを、分かるように表示するということも行われていた。フィンランドでは夏季と冬季で日照時間の差が著しい。窓の外を見ただけでは、昼なのか夜なのか、分るものではないのだ。そこで、認知症のお年寄りが昼だと勘違いして外に出ないように、ホームヘルパーは工夫を凝らしているのである。

　つまり、お年寄りたちが一人で暮らすことには、どうしたって危険が伴うのである。朝、一人で起きて着替えることすらできない人が、在宅で暮らしているのだ。認知症でなくても、転倒する危険がある。薬を飲み忘れる危険がある。彼らの生活はホームヘルパーによって支えられているのだ。

6　サイラと私

　そうした一人暮らしをするお年寄りの中で、私の記憶の中に一番鮮明に残っているのは、サイラという一〇四歳のおばあさんだ。私はホームヘルパーに同行して、彼女のアパートを何度か訪れた。彼女は一日に四回の訪問介護サービスを受けていた。朝はヘルパーがベッドから起こし、着替えと洗顔を手伝ってから朝食と薬を与える。夜にはベッドに入れて枕もとにラジオを置き、心地よいようにしてあげてから帰る。彼女は妹の娘が同じ群島町に暮らしているほかは、天涯孤独だった。

　サイラにとって、ホームヘルパー（と私）は、数少ない訪問者だった。いつも私たちのことを待ち構えていた節があった。朝の訪問介護時に、「コーヒーを飲んでいかないか」とよく誘ってくる。次の訪問先へ急行しなくてはならないヘルパーは、午後に時間があったらね、と答えるのが常だったけれど、午後に再び訪問してみると、サイラが私たち三人では到底飲みきれないような分量のコーヒーを沸かして待っていたこともあった。自分で着替えることもできないのに、どうやってコーヒーメーカーをセッ

トゥルク市のスーパーへ買い出しにきたおじいさん。煙草を吹かしながら、一人バスを待っている。

トしたものか、いまだに謎だ。

でも、彼女は一〇四歳という高齢である。施設に入った方が安心ではないのだろうか？ ヘルパー達の答えは違った。たとえ二四時間の訪問介護が受けられる「白樺の郷」に引っ越したとしても、サイラは高齢すぎて長く暮らすことはできないだろう。身体状況が悪化したら、老人ホームや病院に移る必要があるからだ。だから、彼女はできる限り自宅で暮らし続けた方がいいのよ。ホームヘルパーたちはそのように語った。

ところが二年前の夏、群島町を訪れた私は、サイラがその年の春に亡くなったと聞かされたのである。どうやら彼女は、一人で窓を開けようとして、その反動で床に倒れ、頭を強打したらしい。そのまま病院へ運ばれ、数日後に亡くなったという。

「サイラが最後まで自宅で過ごすことができてよかったわ」。

ヘルパーたちは私にそう語った。でも、本当に良いのだろうか？「ぽっくり死にたい」などとよく言うけれども、それは本人が望むから許されるのであって、他人が称賛しても仕方がないのではないのだろうか。群島町の高齢者達は、日本では考えられないくらいぎりぎりまで在宅にとどまる。家族が集うのは年中行事の時だけで、それ以外にも頻繁に会ったりするけれど、基本的に面倒をみるのは行政だ。

もちろん、家族に負担がないのはいいことだ。お年寄りたちだって住みなれた家に留まりたいと望んでいる。でも、私たちはどこまで本人の意思を尊重すべきなのだろう？それが本人たちの選択であるなら、たとえ死んでも本望だとみなす。その冷徹なまでの個人主義は、私がこれまで暮らしてきた日本という社会からはるかに遠い場所にあるような気がする。

7　ひとりで老いていく、みんなで生きていく

冒頭にも書いた通り、北欧という地域は憧れをもって語られることが多い。けれど、福祉政策一つを取ってみても、フィンランドにおける平均的な人生の流れや家族の形に合わせて、福祉国家というものが生まれたのだ。別に憧れる必要もないし、真似する必要もないけれど、否定する筋合でもない。どんな社会でも、それぞれの人生の苦悩があり、さびしさがあるということかもしれない。それを完璧に解決することは、どんな社会政策にもできやしないのだ。

私自身は、フィンランドで過ごした一年八ヶ月間を懐かしく思っている。隣人から遠く離れた森の中

や水辺に一軒家を所有することを理想として、自立に大きな価値を置く社会だ。けれど冬の寒さは厳しく、自然は広大で、人々は助けあわなくては生きていけない。孤独と自立の表裏一体になった関係はあの社会に深く根づいていた。でも、それは人間の生が抱える本質的なジレンマでもあるのだ。

どんな社会でも、人々は答えのない生を歩み続けている。そんな有様をほんの少しでも垣間見ることができたら、他の社会を少しだけ深く「知った」ことになるのではないだろうか。その上で、フィンランドのシングルたちに少しでも共感を持って頂けたならいいと思う。共感を持てば、その分だけ、私たちは「ひとりではなくなる」のだから。

［参考文献］

Tilastokeskus
2009a *Asuntokunnat yhä pienempiä.*
(http://www.stat.fi/til/asas/2008/asas_2008_2009-05-26_tie_001.html)

Tilastokeskus
2009b *Perheet tyypeittäin 1950–2008.*
(http://www.stat.fi/til/perh/2008/perh_2008_2009-05-29_tau_001_fi.html)

Tilastokeskus
2009c *Suomen lapset ja nuoret tilastoissa.*
(http://www.stat.fi/ajk/tiedotteet/2009/tiedote_017_2009-12-07.html)

「オモニ」というゾウを避け、サイの角にとまること

韓国のシングルの不確かさ

岡田 浩樹
Okada Hiroki

1　はじめに　シングルの「同時代性」？

今日の日本では、その気になれば毎日のように韓流ドラマを見る事ができる。様々なメディアが韓国の社会・文化についての大量の情報を流している。「環境問題」「少子高齢化」「格差社会」……同時代の問題として韓国社会を考えることができるほど、日韓の距離感は小さくなったように見える。

このエッセイを書くために私の古くからの韓国人の友人に話を聞いてみた。友人は大学を卒業後、日本に留学し、帰国後に母校で非常勤講師をしていたが、三〇代の終わりに、結婚した。彼女は「韓国人が、同じ問題が日本でもあるという時と、日本人が韓国でも同じ問題があると言う時と、何か違う、ずれている気がするんですよね。韓国のシングルについて、日本人が知ることがどういった意味があるのかな。私は、シングルを強い意志をもって選んでいたわけではないし、チャンスがあれば結婚してもよいと思っ

ていたし、子どもだって欲しいときもある。ただ、今は今の状況を肯定するしかない。でもね、韓国社会で女性がシングルでいることの意味って、日本人にわかるのかな。」彼女の当惑、あるいは「居心地の悪さ」は私もなんとなく共有できるところがある。

ここでは「シングル」の問題を、韓国社会のコンテクストの個別性に引き戻して捉えてみたいと思う。同時に、私たち日本人にとって、隣の社会におけるシングルをどのように理解するか、その難しさを考えてみたい。

2　九〇年代のシングル ――「サイの角のようにひとりで行け」

日本人のイメージの中では、「韓国の女性は強い」。韓国の女性、とくに子どもをもってオモニ（母親）になったアジュマ（おばさん）のイメージは、陽気で、感情表現が豊かで、自己主張があり、生活力がある。夫がいようがいまいが、家族を経済的、精神的に支える大黒柱として家庭に君臨する。このような「強い」韓国女性は、もはや夫といったパートナーを必要としないかのように見える。

ただし、韓国女性には、もうひとつ別のイメージもある。それは儒教的家父長制度、これを基盤とする近代家族の中で、女性としての感情や自己表現を剥奪され、社会的・経済的に排除され、男性中心主義の抑圧のなかでもがく女性たちというイメージである。

例えば、一九九三年に出版されたコン　ジヨン（孔枝泳）の小説『サイの角のようにひとりで行け』

には、そのような女性たちの葛藤が描かれている。この小説は異なる結婚観と人生観を抱く大学同級生の親友三名（ヘワン、ヨンソン、キョンヘ）のその後の人生を描いた作品で、六五万部を超えるベストセラーとなり、映画化された。

主人公の一人、ヘワンは結婚して子どもをもうけたが、交通事故で子どもが死に、夫と離婚し、シングルとなる。前夫の友人のソヌと深い関係になっているものの、再婚に踏み切れないまま、ソヌは離れ

市場のアジュマは、韓国の働くオモニの象徴である。しかし、朝鮮王朝期には、市場は公的な場であり、男の領域であった。市場がアジュマたちの世界になっていくのは、実は近代以降に起きた現象である。

て行ってしまう。ヨンソンは「熱烈な恋愛」の末、家族の反対を押し切り、大学の先輩で映画監督の男性と結婚したものの、夫婦の関係は冷え切り、精神を病み、友人ヘワンの所に身を寄せている。一方、楽天的な性格のキョンヘは、屈託なく結婚し、夫の浮気に憤りながらも、現在の生活や家庭を手放すつもりはなく、女性の生き方に悩むヨンソンやヘワンとは少し距離が出来ている。小説のタイトル「サイの角のようにひとりで行け」という言葉は、小説のクライマックスで登場する言葉であり、全体をつなぎ合わせるテーマとなっている。

映画監督の妻となったヨンソンが、夫の浮気をきっかけに、アルコール依存症になり、自殺未遂を繰り返したすえに、

死んでしまう。親友ヨンソンの葬儀の後にヘワンはつぎのようにつぶやく。

「…いつだったか仏教経典を読んでいて、ヨンソンが言ったことがある。

――この言葉、とってもいいね。ほら……音に驚かざること獅子のごとく、網にかからざること風のごとく、サイの角のようにひとりでいけ………

ヘワンも同意した。

――きみは結局、女性解放の旗を振る男を待っているシンデレラにすぎないんだ。

ソヌはこう言っていた。

そうだ。ヨンソンはこの言葉に耳を傾けねばならなかった。キョンへのように幸せになることを放棄しても、ヘワンのように子どもを死なせても、ひとりでいかねばならなかったのだ。ほかの女たちがするような夫の世話をしようとするのならば、自分の才能に対する未練はあっさりと捨てていかねばならなかった。網にかかったドジョウのように、無駄な抵抗をしてはいけなかった。少なくとも、この国で生きていこうとするには、そうでなければならなかったのではあるまいか。」

九〇年代前半の韓国社会は、軍事政権の色彩が強い六〇年代、七〇年代のパク　チョンヒ（朴正熙）時代を経て、光州事件に象徴される八〇年代の民主化運動の高揚を経ている。一九九三年には初の文民政権であるキム　ヨンサム（金泳三）文民政権が登場し、この中で、女性の高学歴化、社会進出が叫ばれ、既存の世代や社会体制と闘いつつ、新しい「市民的価値観」を生み出そういう熱気があった。この時期にシングルを選ぶということは、「揺らいではいけない」強い意志で選び取る主体的な選択であった。

しかし、二〇一〇年の現在、改めて小説を読み直し、映画を見直してみると、もはや古めかしい印象を持ってしまうことも事実である。九〇年代後半に韓国社会は若年層を中心に、急速に晩婚化、非婚化が進み、特に女性のライフコースの変化は激しい。この半世紀で女性の初婚年齢は一〇歳以上も上昇し、

大学卒業後、10年目の「同窓会」。日本では既婚者と未婚者がなんとなく距離感を生じるのだが、韓国の女性の同級生、あるいは先輩と後輩のつながりは強く、女性のネットワークの基盤となっている。(写真と本文は直接の関係はありません)。

二〇〇七年には三〇代前半に占める初婚の割合は一八・七%に達した。また、未婚者の割合は高学歴者ほど高く、二〇〇五年段階で二五歳から三九歳までの大卒女性の未婚者は未婚者全体の三五・八%を占め、同じ世代の高卒女性の二倍高い数値を示す。

こうした急速な晩婚化、非婚化に密接に関連する現象のひとつが、合計特殊出産率の極端な低下である。二〇〇〇年から〇五年にかけて、合計特殊出生率が一・四七から一・〇八と急激に低下し、韓国社会を揺るがす大きな問題になっている。もはやかつての儒教的規範、つまり家系を続けるために男子を生まなければならないという規範を守るかどうかというような状況ではなく、結

婚するかしないか、結婚しても子どもをもうけるかどうか、それ自体が問題になっている。

では、九〇年代の『サイの角のように…』に描かれたことがらは「昔のこと」になってしまったのであろうか。現在の韓国社会においてシングルという生き方が認知され、多様なライフコースのひとつとして「選び取る」ことができているのであろうか。

3 グローバル化と「選び取るシングル」

八〇年代末から九〇年代前半は、韓国において儒教的な家父長制に対する強い異議申し立てがフェミニズムから提起された時期である。「儒教的男尊女卑」、暴力性、攻撃的なセクシュアリティ、家族に服従を強いる抑圧的関係など、父系の出自関係を基盤に構成される韓国の家族のあり方に強い疑問が提起された。この動きは、その後の市民運動に引き継がれ、結婚による紐帯と親子関係、特に父親から息子への系譜の継承を基本的な要素とし、家族中心主義的性格をもつ儒教の「伝統」を揺るがせてきた。

確かに、韓国の家庭ドラマや映画などの表象における男性のイメージの変化を見ても、儒教的行動規範を基盤とし、「家父長的な」家族や男性中心的な夫婦関係という韓国社会の「伝統」が揺らいでいる様子が見て取れる。例えば、「冬のソナタ」では、主人公ユジンの父親は最後までどのような人物か顔すらも示されることはなく、シングルマザーの家庭ではないかと疑われるくらい父親の存在感が家庭にない。

また、今日の韓国では「非婚」「シングル」という言葉は、能動的かつ肯定的に使われる傾向が見られるのであり、実際にシングル生活における満足度についても女性の方が、男性よりも満足度が高いようである。一方で未婚／既婚が社会的地位の違いとして強調され、シングル女性は『シングル』（未婚・非婚であること）と『ジェンダー』（女性であること）という二重の規定を被るゆえに、葛藤と克服を繰り返すこととなる。しかし、二〇代、三〇代シングル女性の非婚化・晩婚化現象は、結婚適齢期の崩壊と生き方の個人化が進行しつつあることを示す［福島　二〇〇八：一二二］。

このような方向性は韓国のフェミニズム運動が積極的に進めてきたと言えよう。一九九一年創刊のムック『もうひとつの文化』は、九〇年代以降に現れた女性問題関連雑誌の代表であるが、編集長のアン（安）ヒオクはあるエッセイで、次のように述べている。

「いまや、家族という概念も変わる時期に来たのではあるまいか。夫婦中心の血縁による家族だけでなく、誰か気のあった友人、同僚たちとともに生活する新しい家族が試みられ、そういう試みが自然なこととして、認められる雰囲気が広がっていったなら、年をとったら寂しいから結婚しなきゃというのは昔語りになってしまうことだろう。」［安ヒオク　一九九四：一〇一］

こうした韓国フェミニズムの論者たちに共通するひとつの傾向は、欧米での留学などを経て、世界的なフェミニズム運動の影響を強く受け、韓国社会の「伝統」を相対化しようとすることにある。そして、これまで韓国社会における中心的な論点であった「民族」「階級」とは別の領域として、「女性」という問題領域を強調する傾向がある。こうした動きは「平等」「人権」といったグローバルスタンダードによっ

て、韓国社会の「伝統」を変えていく試みであると言えるが、これは日本人が思うような単純で「自然な」プロセスではない。

九〇年代になると、韓国社会はよりグローバルな市場システムに包含されるようになり、特に一九九七年のＩＭＦ危機（アジア通貨危機）を転換点として、かつての「民族国民国家」を基盤とした政治経済システムは大きく揺らいでしまう。このような変化の中で、韓国人自らがナショナリズムの根幹をなしてきた「民族文化の伝統」を相対化する動きも始まった。例えば、ノ ムヒョン（盧武鉉）政権時に社会的議論となった「戸主制」の廃止（二〇〇八年八月施行）は、父親から息子に系譜が受け継がれるという儒教の根幹にある父系出自原理を揺るがす出来事であった。この問題をめぐっては、ナショナリズムの基盤となるローカルな規範（姓氏制度）と「民族の伝統」を維持しようという保守派と、個人の選択や人権、男女平等などのグローバルな価値を掲げる市民運動とが激しく対立した。このような市民運動の中核を担ったのが、九〇年代に三〇代で、八〇年代に学生運動に参加し、六〇年代に生まれた「三八六世代」であった。

4　グローバル化と「強いられたシングル」

グローバルな価値観の受容は、多様な個人の選択を可能にするような文化の「開放」を推進する。しかし一方では、多様に見える個人の選択の可能性を社会の一部の人間に実質的に限定する社会の「閉塞」

や価値観の「収束」も同時にもたらす可能性がある。むしろ二〇〇〇年代の韓国社会は、シングルを含めた多様な選択肢をもつ層と多様な選択肢をもちえない層に二極分解する現象が見られる。

二〇〇七年の韓国出版界のベストセラーのひとつが、『八八万ウォン世代—絶望の時代に書く希望の経済学』(原題)である。経済学者ウ　ソックン(禹晳熏)は二〇代の就職難の現状を厳しく指摘し、「八八万ウォン世代」は韓国社会の流行語となった。八八万ウォンの月収では、ソウルなどの都市では、ほぼ住居費(五〜六〇万ウオン)でその大半が費やされ、経済的に自立することがほとんど無理である。その後、二〇〇八年のリーマンショックなどを経て、近頃問題の深刻さは増している。日本のニート(フリーター)にあたる、非正規雇用者の「ペクス」(白手)が増加し、最近では「四四万ウォン世代」という言葉さえ現れている。

これら若者の貧困層は一部の低学歴層ではない。二〇一〇年の韓国統計庁の発表では大学進学率は八一・九%と世界最高水準に達しており、「普通の大学を卒業した若者」である。一方で同年三月の失業率は一三%近くに達し、実質失業者は三三〇万人にのぼっている。

この問題についてウ　ソックンは、軍事政権時代に生まれ、七〇年代の高度成長を支えた「維新世代」だけではなく、八〇年代の民主化運動を担った「三八六世代」に対する一種の世代間闘争であると考える。そして彼は、韓国経済がグローバル化に対応するために前の世代が受容した新自由主義的な競争原理、企業論理の優先により、若者が将来の夢をもてない現実をもたらしたとして厳しく糾弾した。

この『八八万ウォン世代』の最初の章は、「初体験の経済学—同棲を想像できない韓国の一〇代」と

いう刺激的なタイトルから始まる。彼はそこで「若者たちが望むのは、セックスあるいは結婚生活であるが、これを下支えできる予算がないがゆえにセックスも我慢し、結婚も後回しにしなくてはならない。」という。

つまり、韓国の若年層は、独立や同棲生活といった不透明な未来に身を預けるよりは、親との生活を選ぶようになる者が多くなるのであり、未婚であっても、それは主体的な「非婚」「不婚」ではなく、いわば「結果としてのシングル」、「強いられたシングル」というような状況が生み出されつつある。ここには「階層」という古くて新しい問題が「世代間闘争」という形をともなって現れている。

5 オモニの影

一方、「シングルを選択できる／できない」に関わらず、韓国社会ではもう一つの古くて新しい問題も立ち現れていると言えるのではないか。それは「オモニ」（母親）の問題である。

女性のシングルは、男性中心主義的な「伝統社会」において「周縁化」された女性の中でも、儒教的家族中心観によって「未婚」者としてさらなる「周縁」に位置し、オモニのような「母性」をもちえない、いわば境界者の立場に置かれてきた。現在もなお、未婚のまま死亡した女性に対しては墓を作ることもなく、祭祀が営まれないことがある。未婚の女性の死霊は、強い「恨」を持ち、家族や共同体に災厄をもたらす「モンダル鬼神」になるのであり、シャーマンが慰撫せねばならない存在であった。

韓国のフェミニズム運動を牽引し、問題提起を行ってきた文化人類学者のチョ　ヘジョン（趙恵貞）によれば、韓国社会の家父長制の問題は、「男性が支配する社会、女性が支配する家庭」と、性差によって社会を分断するような構造にあると言う。

この構造は、韓国の特殊な歴史的過程の産物であると言える。朝鮮王朝時代後期から「ネー　ウェ」（内外：男女有別）という性別分業についての儒教的規範が韓国社会に浸透した。これにより、韓国のチプ（イエ）は、父系親族集団の最小単位であり、男性が支配する公的な領域である「家族」と、女性が支配する家内的な領域「家庭」に分裂した複雑な構造をもつ。

この二つの分裂した領域をつなぎ合わせる存在こそ、「オモニ」であった。男性社会から排除されたオモニは、息子を産み、育てるという点で儒教的家族の再生産に寄与するとともに、育児、家事など家庭生活の維持を担う。チョ　ヘジョンによれば、オモニの息子に対する徹底した自己同一化と家内的領域への支配への集中は、夫の「家庭内不在」現象と連動しているのである。母性が家父長的支配を維持するための道具となっている。

朝鮮王朝期に社会に浸透した儒教的規範は、近代以降の激しい社会変動の中で今日までその影響力は弱められてきている。しかし、皮肉にもオモニの母性は、むしろ近代以降、強化されてきたという過程がある。植民地期あるいは朝鮮戦争の困窮の時代、女性は儒教的規範から逸脱し、市場の露天商人、あるいは食堂で働き、家族の生活を支え続けた。海外への出稼ぎなどで不在の夫に代わり、家族を支えるオモニの姿は、国家の発展と個人や家族をつなぐシンボルとして軍事政権によって賞賛された。これに

対抗した民衆運動においても、「社会の矛盾の中で苦労して子を育てた無学なオモニ」が声なき民衆の象徴であった。いわば、オモニは民族文化の基盤に置かれ、矛盾や葛藤を抱え続け、分裂しかねない韓国社会を今日までつなぎ止める存在であり、韓国人のアイデンティティ形成の基盤に置かれ続けてきた。

そして今日、韓国社会ではさらなる「オモニの復権」（母性の再強化）が起きつつあると言いえるかもしれない。『八八万ウォン世代』の「強いられたシングル」たちは自分たちの意思とは別に、両親の下にとどまらざるを得ず、オモニの保護下に置かれ続けることになる。一方で「シングルも結婚も選択できる」高学歴で豊かな層は、子どもが厳しい生存競争を勝ち抜けるように、育児や子どもの教育に集中するようになる。実は母親規範も個人化志向性（自己実現要求）も、むしろ高学歴層の母親の方に強く現れている［山根・洪上旭　二〇〇七：三九］。

この極端な例が、「キロギ・アッパ」（雁の父親）である。九〇年代後半以降、子どもの語学教育のために、英米圏に母子で留学する「教育移民」が増加した。父親（アッパ）は教育費と生活費を送金するために韓国にとどまり、たまに海外の母子のところを訪ねることから、「キロギ・アッパ」（渡り鳥の雁のような父親）という流行語となった。いまやオモニの最大の関心は、もはや息子か娘かの問題ではなく、「子ども」それ自体にある。この「キロギ・アッパ」は母親（オモニ）の子どもに対する徹底した自己同一化、男性の「家庭内不在」の極端な形を示すと言えるのではないか。

このように見ていくと、今日の韓国社会では「シングルであるか、否か」という選択よりも、それを選択しうる豊かな経済状況を求める結果、皮肉にもシングルを含む多様なライフスタイルの対極にある

「オモニの復権」が起きつつあると言えるのかもしれない。そこでは、「オモニであるか」どうか、さらには「立派なオモニであるか」が問われることになる。だからこそ、『サイの角のように』のヘワンが「子どもを死なせてしま」ったことは、「ひとりで生きていく」決意につながるのである。もしかしたら韓国の女性たちは、自分が「立派なオモニ」になる自信がなければ結婚しない、あるいは結婚しても子どもを産まない「選択」をしているのかもしれない。つまり「オモニの影」が極端な合計特殊出生率の低下を招いている可能性すらあるのだ。

6　おわりに

「血は母より、骨は父より受け継ぐ」とは、韓国の民俗生殖観である。「骨は父より受け継ぐ」という儒教的な父系出自原理が揺らいだ今日でも、「血は母（オモニ）より受け継ぐ」ことは母性のひとつの根拠であり、これは歴史的過程に裏打ちされた韓国社会の個別性と言えよう。この個別性を「日韓の同時代性」の視点からのみ、十分に理解することは難しい。今日の韓国の「オモニ」は儒教的家族中心観、近代核家族主義、さらにはナショナリズムやグローバル化に対抗するローカリズムの基盤ともなり得る。これを理解しようとすると、眼の不自由な者が象の体を触り、別々の動物を想像してしまう「群盲象を撫づ」の逸話が想い起こされる。例えば「シングルマザー」は、韓国ではシングルというより、「夫のいないオモニ」であり、日本人の言う「シングルマザー」とは少し意味が異なる。

最近、『母―オモニ』というタイトルの自伝的小説が出版され、注目されている。著者の姜尚中は、東アジアの近代について透徹した知性で冷静に論じてきた研究者である。その彼が、自らの在日コリアンとしての人生を「オモニ」に仮託して語ったことは、「オモニ」の問題の複雑さを考える上で何かを示唆しているように思える。

今日の韓国社会でシングルという生き方を「選び取る」ことは、「オモニ」という巨象を避けつつ、「フェミニズム」という疾駆するサイの角にとまる離れ業であるのかもしれない。

［主な参考文献］（日本語に限定した）

安ヒオク　一九九四（武村みやこ訳）「私のシングルズ宣言」、仁科健一・舘野皙編『韓国の女たち―仕事・子育て・フェミニズム』社会評論社、九六―一〇一頁。

禹晳熏・朴権一（金友子他訳）二〇〇九『韓国ワーキングプア　八八万ウォン世代―絶望の時代に向けた希望の経済学』明石書店。

姜尚中　二〇一〇『母―オモニ』集英社。

孔枝泳（石坂浩一訳）一九九八『サイの角のようにひとりで行け』新幹社。

趙恵貞（春木育美訳）二〇〇二『韓国社会とジェンダー』法政大学出版局。

福島みのり　二〇〇八「韓国シングル女性の実態と非婚化に関する研究―二〇代・三〇代を中心に―」『フェリス女学院大学国際交流学部紀要』一〇：一〇三―一二四頁。

山根真理、洪上旭　二〇〇七「韓国の母性と育児援助ネットワーク」、落合恵美子、山根真理、宮坂靖子、山根真理『アジアの家族とジェンダー』勁草書房、三三―五〇頁。

寡婦

都合のいい女？　それとも悪い女？

田中雅一
Tanaka Masakazu

1　はじめに　寡婦とシングル・ライフ

若い寡婦は都合がいい。セックスの味を知っているのに、いまはその旺盛な性欲を満たしてくれる男はいない。熟れた体を持て余している寡婦。全身で、カレシ募集中と叫んでいるようなものだ。だが、この「都合のよさ」が問題だ。だれにとって都合がいいのか。それは、寡婦と同じくらい（？）性欲の処理に悩む男たちだ。だが、そもそもこんな思い込みは寡婦本人には迷惑至極であろう。

若い寡婦は典型的なシングルだ。寡婦の都合のよさを考えることは、シングルの都合のよさや悪さを考えることになるはずだ。結婚を拒否し、わが道を行くシングル女性。経済的に自立し、消費生活を謳歌しているシングル。こうした積極的な意味でのシングル・ライフが女性たちに提案され、注目されて久しい。しかし、みんながこれを積極的に評価してきたわけではない。苦々しく思っていた男たちもいるだろう。女性がシングルだと都合が悪いと考えた男たちは、そこになにを感じたのだろうか。女性にとってシングル・ライフは婚期を過ぎても結婚しない、仕事を続ける、などを意味する。どちらも男性

若くして夫を亡くした寡婦は性的妄想をかきたてる。できたての寡婦とセックスしようと葬儀にやってきた寡婦マニア。そのおこぼれにあずかろうとする喪服コスプレ嬢たち。さらに死姦マニアやら死体模倣マニアやらが集まり、葬儀の場はいつのまにか乱交パーティと化してしまう（駕籠真太郎著『大葬儀』太田出版、19頁より）。

にとっては都合が悪い。結婚しないで仕事を続けるということは、寿退職が暗黙のルールだった職場に若い女性が入ってこないことを意味する。職場に若い女性がいないとなると、外で結婚相手を探すしかないが、仕事がすべての男性たちにそんな時間もない。結婚しない女性が増え職場から若い女性が消えると、結婚したくてもできない男性が増える。

しかし、男たちがもっとも恐れているのは、シングル女性が獲得した新しい精神だ。それは自分の欲望や要求に向き合い、嫌いなことには、はっきりNO！と言える精神。自分の肉体、活動に責任を持ち、統御する強い意志をそなえた新しい女性たちが元気よく街を闊歩すれば、男たちはますます肩身が狭くなる。シングル・ライフは男にとって脅威であり恐怖なのだ。その恐怖を隠蔽し、軽減してきたのがこれまでの社会だった。伝統的な社会とは、女性のシングル・ライフを否定し、そのような生活を選択しようとする女性を弾圧したり排除したりしようとする男にとって都合のいい社会（男性中心主義の社会、あるいは家父長制度）だったのだ。では、男性にとって、女性のシングル・ライフが都合が悪く、寡婦というシングル・ライフが都合がいいのは、どうしてだろうか。そんなことを考えながら寡婦について考えてみることにした。

ここでは、寡婦に対してどのようなセクシュアリティがイメージされてきたのかについて、オランダ映画、インドの寡婦をめぐる風習、日本の新聞に載った記事を紹介しながら考察していきたい。時代も場所もバラバラだが、意外にも寡婦に付与されたイメージを支える普遍的な意識が浮かび上がってくる。

2　『4番目の男』——都合の悪い寡婦（一）

わたしの大好きな映画に『4番目の男』（一九八三年）がある。監督は『ロボコップ』（一九八七年）をはじめ多くのヒット作品を生みだしたポール・バーホーベン。かれがハリウッドに活動拠点を移す直前のオランダ語作品だ。主人公であるバイセクシュアルの小説家、ジェラルドは列車に乗って講演先へと向かう。そこで会ったのが美貌の美容室経営者、クリスティーンである。その夜、二人は当然のごとくベッドをともにするが、彼女には美しい恋人がいることが分かる。この恋人、ハーマンにジェラルドはすでに会っていた。駅の売店でポルノ雑誌を見ていたかれを見かけて、眼をつけていたのだ。かれをモノにしようと、ジェラルドはクリスティーンの家にもうすこし滞在することにした。数日後ハーマンがクリスティーンの家にやってくる。ジェラルドは、ふたりが出かけた後、クリスティーンが撮った八ミリを見つけて上映する。そこに映し出されていたのは、花嫁姿のクリスティーンと花婿らしい男性だっ

『4番目の男』（ポール・バーホーベン監督、タータン社）

た。フィルムの最後はその男性が事故で死ぬシーンだ。こんな映像が三本。つまり、クリスティーンは、結婚するたびに夫をハネムーンで亡くし、再婚していたのだ。はたして三人の夫たちの死は偶然だろうか。つぎの結婚相手はハーマンなのか。それともジェラルドなのか。いやな予感を抱きながらジェラルドは酔いつぶれる。

この映画のタイトルの『4番目の男』というのは、つぎに殺される男性を意味する。あるとき、ジェラルドはハーマンを墓場に誘い、激しく抱擁する。しかし、その場に安置されていたのは、クリスティーンの元夫たちだった。恐怖に駆られて二人は墓場を出る。帰り道に事故にあって、ハーマンが殺される。四番目の男はハーマンだったのだ。病院の一室で傷の治療を受けているジェラルド。階下の待合室で、クリスティーナが新しい男を誘って家に連れていく…。そんなシーンでこの映画は終了する。

ジェラルドが会った時のクリスティーンは寡婦だ。それは、彼女がみずから選んだ姿である。彼女は、男を罠にかけ結婚をするたびに男を殺す現代のファム・ファタル（運命の女性）なのだ。彼女の性格を示唆するのが、美容院のネオンサインだ。これは壊れていて「蜘蛛」（スパイダー）と読める。美容院は、男を罠にかけて殺してしまう蜘蛛の巣なのである。彼女は一瞬花嫁となるが、獲物を食いつくすとまたもとの姿（寡婦）になって、あらたな獲物を待ち受ける。この映画で、寡婦は、男たちをつぎつぎと誘惑し、死に至らしめる美しいが邪悪な存在として描かれている。ハーマンのように、夫となった男以外にも多くの男性が殺されている可能性もある。クリスティーンは、けっして都合のいい寡婦ではない。

　女が寡婦になるのは言うまでもなく、夫が亡くなった時だ。それは、一般的には妻にとってできる限り避けたい事態だ。夫の死という「予期せぬできごと」にとまどい、泣き叫ぶ妻。そして、これからの孤独や経済的な不安におびえる妻。運命を静かに受け入れようとする妻。ところが、こうした普通の寡婦観をファム・ファタルは変貌させる。なぜなら、ファム・ファタルにとって寡婦という地位はみずからが望んだ結果だからだ。妻が夫の死の犠牲者なのではなく、夫が妻の欲望の犠牲者なのだ。

　ファム・ファタルは孤独ではない。彼女はその性的魅力で新しい男に事欠かない。『4番目の男』の場合、夫はハネムーンという幸福の絶頂期に死んでしまう。残された花嫁は、これ以上考えられないような悲しみに見舞われるはずだ。だが、クリスティーンはそうならない。この映画では幸福の絶頂期に悲劇が生じ、新妻の欲望が成就されるのだ。ここでは性と死が隣り合わせになっている。男に一瞬の快楽と幸福を与え、破滅させる女。それを実現可能にする寡婦という地位は偶発的にもたらされたものではない。それは彼女が求め、勝ち取った地位なのだ。ファム・ファタルとしての寡婦には、欲望を満足させ、自己の人生を思い通りにしようとする強力な意思が認められるのである。クリスティーンは、男性にとって都合のいい寡婦などではさらさらなく、むしろ都合の悪い寡婦、男性の敵ということになろう。

では、ジェラルドはどうして四番目の犠牲者にならなかったのか。この映画のもうひとつのモチーフは、マリアとエヴァ（イブ）という女性のステレオタイプの対立である。旧約聖書の楽園追放に描かれているエヴァは、男を破滅させる性的な女性の典型と考えることができる。エヴァがファム・ファタルの原型なら、アダムはその犠牲者の原型ということになろうか。これにたいし、マリアは幼子イエスを抱く母としての女性である。ここには性愛と母性愛の対立が認められる。人（男）を真に救済するのは、母たるマリアであって、エヴァではない。マリアを髣髴とさせる女性は、この映画の重要な場面に何度か姿を現し、エヴァたるクリスティーンの邪悪さをジェラルドに警告し、かれを真実へと導く。最終場面、ジェラルドを看護する看護師もマリアである。たぶん、これがキリスト教のモチーフを好んで描くバーホーベンのメッセージなのであろう。とはいえ、こうした性愛と母性愛という対立図式がヨーロッパ、あるいはキリスト教文化圏にのみ妥当する、と考えるべきではない。この対立図式は、男性たちがこれまで作り上げてきた、女性についてのきわめて普遍的な相反する二重のイメージがちらついているからである。つぎに、インドの寡婦を取り上げることにしよう。

3　サティー――都合の悪い寡婦（二）

サティーという言葉は、後述するように寡婦が夫の遺体と一緒に生きたまま焼かれるインドの風習であるが、本来は貞淑な女性（貞女）を意味する。貞女とは、結婚まで処女を守り、夫以外の男性と肉体関係を持たない女性である。地位の高いヒンドゥー女性の理想的な一生とは、彼女の成熟したセクシュアリティがつねに夫によって統御されていることである。したがって、夫を亡くした寡婦は、セクシュアリティが統御されていない存在となる。このため、寡婦は自身のセクシュアリティを厳格に統御する必要がある。たとえば、寡婦は女性の活動的なセクシュアリティの象徴である長い髪を剃って、装飾品を体から取り去り、白か薄い色の地味なサリーを着なければならない。

寡婦はまた、上層カーストのヒンドゥー教徒たちのあいだでは、きわめて地位の低い不吉な存在とみなされてきた。なぜなら夫の死の原因は生き残った妻自身にあると解釈されるからだ。妻を亡くした男性と異なり、寡婦の再婚は下層カーストの人びとにしか認められていない。食事もほかの家族の者と一緒に摂ることが禁じられ、自分の息子の結婚式にも参列を許されない。

寡婦の対極に位置するのが、夫が生存中の既婚女性（スマンガリー）で、吉なる存在として結婚式などの儀礼で重要な役割を果たす。インドの女性は、夫よりさきに死ぬことによってのみ吉なる存在として生涯を全うできるのである。先に見たマリアとエヴァという対立が、インドの上層カーストではスマンガリーと寡婦、あるいは不吉な女性（アマンガリー）という対立となって表れている。インドの寡婦にとって不幸なのは、映画の中のクリスティーンと異なり、夫を本当に殺したくなかったにもかかわらず、夫を故意に殺した女として非難され、またそのような女性にふさわしい仕打ちが待っていることだ。こうした「運命」を覆す唯一の手段はサティー（寡婦殉死）であった。

サティーは、死んだ夫の遺体とともに、寡婦が生きたまま焼かれるという残酷きわまりない風習で、インドにおける女性の地位の低さ、あるいは男女差別の典型とみなされてきた。インドを長らく植民地支配してきたイギリス人は、貞女を意味するサティーをこの慣習に使用し、それが定着することになった。夫の遺体とともに焼かれる女性はもっとも貞淑とみなされ、やはりサティーと呼ばれる女神となり、人びとの崇拝対象となる。サティーは、残酷な風習として英国植民地政府によって一八二九年に法律で禁止されるが、完全に消滅したわけではなかった。

サティーは地方によって異なるが、ここでは、インド北西部のラージャスターン州の例を紹介したい。ラージャスターン州は王侯や戦士カーストであるラージプートを中心にサティーが広く実行されてきた地方として有名である。夫が死んで、残された妻がサティーの意図を家人に伝えた後、彼女はろうそくの炎に指を近づけ、火傷しないことを証明する。貞淑な妻がサティーを決意すると自身の身体が熱くなり、まったく炎の熱さを感じないことになっている。それから水浴をして花嫁衣装に着替える。陽光が火葬の薪を照らす。寡婦は積まれた薪の上に一気に飛び乗る。夫は一瞬蘇って妻のサティーを許可するという。女神の祝福を受けて、寡婦自身の体の熱から炎が生じるとされる。寡婦にとってそれはまた水浴をしているような感じで文字通り「炎浴」とよばれる。この場合、寡婦にはきわめて強い意志が想定されていることが分かるだろう。その意思は、肉体の苦痛にはるかにまさっている。そして、その苦痛を苦痛と思わないで死をみずから引き受けた寡婦のみが、女神（サティー）となって人びとの救済者となる。

サティについてのＨＰより。
http://www.csuchico.edu/~cheinz/syllabi/asst001/spring99/parrilla/parr1.htm

サティーという風習には、『4番目の男』に現れた対立図式が変形した形で認められる。クリスティーンはみずから寡婦になる（つまり夫を殺す）ほど、強い欲望や意思をもっていた。それゆえ彼女の主体性には邪悪な性質が付加されたのである。彼女自身に救いはない。彼女はエヴァとしてマリアと永遠に対立関係にある。したがって、男たちの敵なのだ。これにたいし、インドにおいては、寡婦は寡婦だという事実のみによってすべてエヴァである。インドの寡婦は、女性が潜在的に有する、男にとって邪悪な性格を体現している。サティーを行うことで、こうした負の性格は逆転する。自らの身体を焼きつくす炎によって彼女のエヴァ性は否定され、彼女は救われる。そして、マリア（サティー女＝貞女）となって、衆生に救いの手を差し伸べる存在になる。

　ここで見逃してはならないのは、寡婦が、剃髪などさまざまな規則に従わされるのは、寡婦を都合がいいと思う男性がいるからだ。処女でもなく、人妻でもない寡婦は格好の性の対象とみなされ得る。婚家にとどまれば義理の父や兄弟の慰みものになるかもしれない。だが、ほかの男性と関係を持てば、夫の家にとって不名誉となる。寡婦が不吉とされ、その唯一の救いがサティーという死であるとされるのは、寡婦の行動に責任を負わねばならない夫側家族に不名誉な評判がたつことを恐れているからに相違ない。サティーとは、寡婦が存在すると都合が悪い男たちによって生み出された風習と言える。さらに、寡婦がもたらすかもしれない不名誉にたいする恐怖は、シングル女性一般のセクシュアリティへの恐怖に通じる。女が自由勝手に行動するようになっては困るのだ。

4 「抱きつき・吸いつき・突き刺す」都合のいい寡婦

最後に、日本の活字メディアに掲載された寡婦ものについて紹介しておきたい。

一九四五年八月から始まる占領期には、性を取り扱った「カストリ雑誌」と呼ばれる粗末な雑誌がたくさん生まれた。カストリ雑誌に詳しい山本明によると、「戦争未亡人」が多かった終戦直後の状況を反映してか、カストリ雑誌には「やたらに未亡人が登場する」（山本明『カストリ雑誌研究』中公文庫、一九九八年、五四頁）という。

カストリ雑誌とならんで、現代のタブロイド版の新聞の前身とされるカストリ新聞もおよそ五〇種類が公刊された。以下ではカストリ新聞に描かれた記事を紹介したい。戦場から夫の復員を待つ女性（後に戦死の公報が届く）についての新聞記事である。『実話新聞』（一九四七年九月六日）に「抱きつき・吸いつき・突き刺す　小学教員の「模範的無理心中」」というタイトルで掲載されている。これは、夫の復員を待つ小学校教員、吉本小夜子と同僚の日野勝男との無理心中の話である。かれらは職場だけでなく、すでに何度か小夜子の自宅で話をすることが多かったが、あるとき小夜子はいつも聴いている「復員ニュース」を流すラジオのスイッチを突然切る。そして、「私には好きな人ができたから、もうこんなニュースを聴く必要がなくなった」と言って日野を誘う。ふたりの交際は、夫の戦死通知が届き夫の実弟と小夜子が結婚した後もひそかに続けられた。しかし、徐々に近所の者に知られることになり、小夜子は日野に別れを告げる。これに逆上した日野が無理心中事件を起こしたのである。幸か不幸か二人の命は救われた。これだけなら単純な話だが、ここには以下のような描写が含まれている。

「突然、日野のふるえる手が小夜子さんの手をつかんだ。待っていたように女の身体が崩れ、むっとする体臭が彼に迫った。日野の火のように燃えるくちびるが小夜子さんのくちびるに合わさった。息苦しくなった日野がそっとくちびるを話そうとしたが、女が離さなかった。…喘ぐような男と女の息づかいが段々激しくなり二人のもつれあうひびきで、部屋中が微かに振動し、机の上の夫の写真立てがバタリと音をたてて倒れたことも知らず、三二歳の女と二六歳の青年は裸体に近い姿で、狂気のようにおたがいの身体を求めてうめき声をたてつづけた。」

「日野は物もいわず女にむしゃぶりつき畳の上へ押し倒した。女はかすかなため息をもらし、すぐ男の自由になった。男は毛ものの如くうなり声をあげ、女は小娘のようにすすり泣いた。二つの肉体がぶつかりあい、もつれあい間もなく二人は死んだように眠ってしまった。」

前者は、二人が最初のセックスをするときの描写。後者は無理心中の前日の描写である。もちろん、当人が語るはずはないから、これは記者の想像の産物であろう。当時のカストリ新聞には読み物的な要素が強かったことがよくわかる。記事では、夫の戦死通知を待つことなく、若い男性を誘惑した小夜子の能動性が強調されている（「女が離さなかった」など）。また、「洋服の上からほのかにみえる胸の豊かなふくらみ、スカートの下の張りきったもも」とか「白いブラウスからはみ出ている豊かな胸もスカートのすそからもれている白いももも…」など、女性の肉体描写が際立っているのは、読者が男性であることを意識してのことであろう。

さて、「未亡人もの」は、数が減ったとはいえ、今のポルノ小説においても存在しないわけではない（たとえば『官能アンソロジー　未亡人の秘唇』（河出i文庫、二〇〇八年）には七編の短編が収められている。カバー裏にある「愛する夫を亡くして悲しみにうちひしがれながらも、熟れた体を持てあます未亡人たち。黒衣を脱ぎ捨て、白い肌が禁断の快楽に身悶える！」という言葉が寡婦のセクシュアリティについてのすべてを語っていよう。抑えられない寡婦たちの性欲、それを満たしてくれるのは男だけなのだ。

ここに描かれているのは、性欲を抑えきれずに男たちを積極的に誘惑しようとする、男たちにとって都合のいい女性である。日本のポルノが創出したポルノトピアでは、救済されるべき存在は性欲で悶々とする寡婦であり、救済するのはそれに応えることのできる屈強な男性である。そこにこそポルノが男性向けに書かれ、読み継がれていく理由がある。これは、もちろん日本のポルノだけの事情ではないだろう。そして、現代のポルノトピアでは、女たちは、寡婦であれ、女子高生であれ、人妻であれ、みな身体は「シングル」で満たされず、男性（読者）による救済という名の支配を待ち望んでいる。

5　都合の悪い女を生きる

寡婦は都合のいい女だ、と冒頭で述べた。それは、寡婦を性的対象とみなし、彼女とのセックスを求めることのできる男の本音だ。ここでもう一人別のタイプの都合のいい女性を登場させる必要がある。それは、なんでも聞いてくれて甘えられる母親である。一方に性的な欲望を満足させてくれる娼婦的な女がいて、他方に母《はは》的女がいる（次頁図参照）。この母親像は、わたしたちがすでに見てきたマリアやサティー女神に通じるものだ。それこそ男が求めている女たちと言えないだろうか。男たちが消費するポルノトピアの背後にはつねに、それと同じくらい、あるいはそれ以上に大量の、「母もの」と呼ばれる物語が存在する。重要なことは、このような分裂した女性像こそ男が作り上げた都合のいい女たちだということである。そして、多くの女たちが、このような女性観を真摯に受け止め、支持し体現してきたことを否めない。だが、こうした相反する女性像をひとりの女が演じるべきだ、というのはきわめて困難な要求である。そして、このような都合のいい女たちの影に隠れているのが、男たちにとっての恐

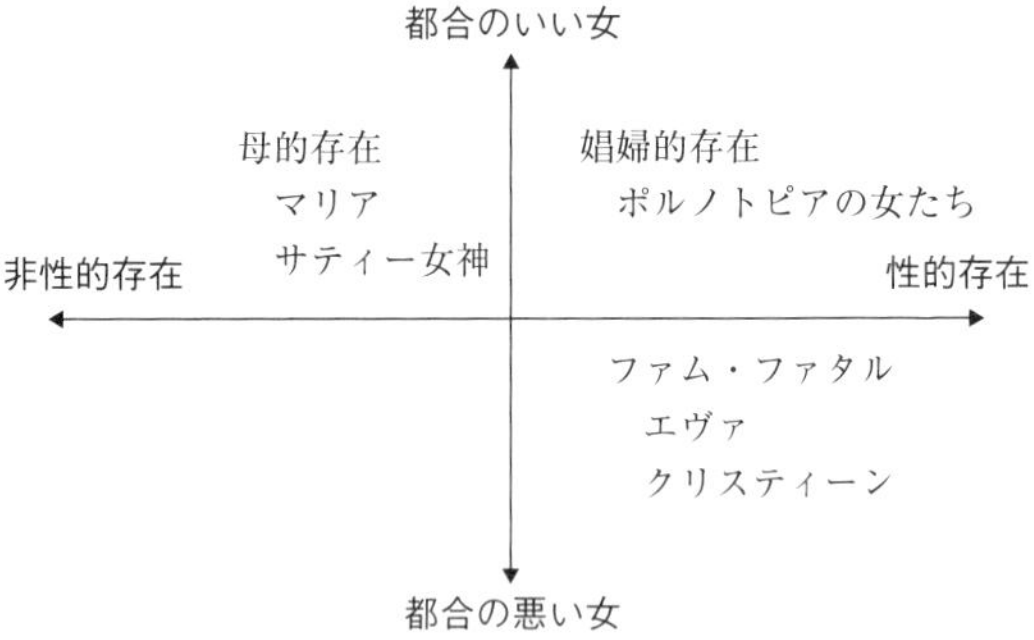

図　寡婦をめぐる女性の類型化

怖の対象となる都合の悪い女といえる。

現代社会でシングルを生きるということは、男たちが長年にわたって造り上げ、女たちも受け入れてきた都合のよさに抗し、これを拒否する生き方なのだ。しかし、それはセクシーな格好をするなとか、都合の悪い女になれ、子供を生むな、ということではない。なぜなら、本来シングルとは、男たちがでっちあげた相対立する女性像から自由な存在であるはずだからだ。そして、その生き方を男性一人一人が、これまでの女性観にこだわることなく受け止める必要がある。男たちは、これ以上自分たちに都合のいい常識や慣習に頼っていてはいけないし、そのような常識がすでに崩壊状態にあることに気づく必要がある。そのことを理解した時わたしたちは、男であれ女であれシングルをめぐる新たなセクシュアリティの物語に出会うことになるであろう。

第3章

◆

別れの風景

シングルだってへっちゃらよ⁉

パプアニューギニア・マヌス島のシングルマザー

馬場　淳
Baba Jun

1　シングルマザーの「重み」が違う⁉

南太平洋のパプアニューギニア。その中のちっぽけな島が私の調査地である。ここで（離別による）シングルマザーの生活を見知るのに、それほど長い時間はかからなかった。なにせ隣にいたからである。しかも姉妹そろってシングルマザーだった。どこかヤンキーっぽい彼女たちとは、ほぼ毎日顔を合わせていた。自分の子どもを高々と持ち上げ、「あんたの子よ！」と大きな奇声をあげてからかってきた彼女たちに、私はよく「うるさい、この不良女！」と言い返していたものだ。もちろん、冗談である。現地では、シングルマザーはありふれている。そして彼女たちは「だから何⁉」といわんばかりに、普通に生きている。たしかに、伴侶がいないのに子どもがいるという点で、規範から逸脱した生き方ではあるのだが、別に制裁や不利益をこうむるわけでもないし、貧困に陥るわけでもなく、彼女たちの人生や自由を大きく左右する障害ではない。誤解を恐れずにいえば、ここでは、シングルマザーは日本の（大学受験）浪人のようなもので、長い人生で陥ったちょっと特殊な状態であるにすぎない。シングルマザーという言葉の重さが日本とはだいぶ違うようである。

日本でシングルマザーと聞くと、(「通常」の家族構成をとらないという意味での)「異常さ」や生活面での切実さ(生活水準の低さ)といったイメージが思い起こされるかもしれない[たとえば、厚生労働省 二〇〇九]。言うまでもなく、このような感覚や社会通念は、日本人の結婚観と婚姻制度、福祉制度や労働慣行のあり方などにより複雑につくりあげられている。ここでは詳しく立ち入ることはしないが、少なくとも強調しておきたいのは、日本の「常識」でパプアニューギニアをみてはならないということである。

もちろん、私がパプアニューギニアで出会ったシングルマザーも、「男はこりごり」という女性から新しい男性を求める女性、現状維持派もいれば、この現状をなんとかして変えたいと切望する女性まで、実にさまざまである。しかしあえて共通点を一つ挙げるとすれば、彼女たちも周囲の人々も、シングルマザーであることで生活上の苦難に陥るとは考えていないということであろうか。以下では、私が調査のなかで話を伺うことのできた二六人のシングルマザーを例にあげながら、彼女たちの生活を支える仕組みについて考えてみたい。なおここでいうシングルマザーは、死別して配偶者を亡くした女性(寡婦)は除き、かつて結婚していたかどうか、あるいは未婚かを問わず、男性パートナーと離別し、しかも(その男性パートナーとの間にもうけた)子どもを引き取った女性に限定しておくことにしたい。

2　マヌス島とシングルマザー

私の調査地であるマヌス島は、ニューギニア島の首都ポートモレスビーから八〇〇㎞ほど北方に行った、ほとんど赤道に近い場所に位置する。マヌス島は、かつてアメリカの著名な文化人類学者マーガレット・ミードが調査した場所として知られている。また太平洋戦争では戦場となり、多くの日本人が命を落とした場所でもある。よって今もなお、慰霊のために訪れる日本人遺族は絶えない。

私は、マヌス島の中央部北岸から内陸高地一帯にかけて居住する、クルティ語を話す人々の間で調査を行ってきた。一九九九年の短期旅行から数えると、もう一〇年の付き合いになる。この一帯は、行政上、海岸部（三地区）と内陸高地部（五地区）に分けられ、私は海岸部の一つ――ここでは便宜的にD地区としておきたい――を拠点に調査を行ってきた。そのせいもあり、対象となる二六人のシングルマザーのうち、一九人はこのD地区出身者である。

シングルマザーで定期的な現金収入があるのは三人だけで、ほとんどが無職である。驚くかもしれないが、これは村人の一般的な状況でもある。それでも食いはぐれることがないのは、生活が必ずしも金のみで成り立っているわけではないからだ［馬場 二〇〇六］。むしろ村人は、日々の自給自足的な生業を通じて、サゴヤシのデンプン質とタロイモ、魚介類、各種の野菜・果物といった主要な食べ物を得ている。もちろん現在、購入食品（米や缶詰、コーヒー、砂糖、ビスケットなど）や学費、冠婚葬祭、交通費（ボート代）など、現金を使う機会はかなり多くなっている。日々のささいな消費はマーケットの収入でまかない、それなりの金額となると、定職に就く親族からの仕送りに頼るわけである。

一九八〇年代生まれの若いシングルマザーは、恋愛のなかで、あるいは行き当たりで性交し、妊娠・出産した女性たちである。さすがに中高年には同棲経験者が多い。同棲経験者たちに離別の理由をきいてみると、「異性への乗り換え」「暴力による追放」「（暴力からの）自主的逃避」「出稼ぎ」に大別することができた。実に、パートナー関係の流動性・不安定性、暴力、出稼ぎは、パプアニューギニアの日常にごくありふれた出来事である。注目したいのは出稼ぎで、（同棲経験のある）シングルマザーの半分以上がこれに該当している点である。二〇世紀初頭から現在に至るまで、資源がほとんどないマヌス島では、（主に男性が）出稼ぎをして送金するというパターンが、在地の経済生活を支えてきた。一家に少なくとも一人は、学歴をつけ、安定した職に就くことが今もなお続く世帯戦略の王道となっている。この出稼ぎが現地に残した者との離別の直接的な原因となってしまうのは、なんとも皮肉であろう。村落には郵便や電話などの通信システムがなく、出稼ぎに出た者とのコンタクトは精神的にも経済的にも労力を必要とする。話し合いを試みることもなく、ただ手紙一枚で、一方

サゴヤシの樹幹に含まれているデンプン質は、主食の一つ。写真は、デンプン質を抽出するために水さらしをしている風景。この作業は女性の仕事とされており、けっこう重労働である。（2010 年筆者撮影）

的に別れを宣告されることもあるし、夫が出稼ぎに行ったまま音信不通になるケースも多い。

3　助け合い（相互扶助）

二六人のうち、独立した家屋をもち、自らが世帯主となっているシングルマザーは一二人おり、すべて中高年シングルマザーである。若い世代（一九八〇年代生まれ）のシングルマザーの多くは、同棲することなく性関係を結び、子どもをもうけたため、そのまま親元で暮らしている。

別れた後、シングルマザーたちのほとんどは、元夫やパートナーから生活支援を受けていないのが実情である。クルティの人々は、子どもが母親のもとにいる場合、別れた後も「（食べ物やお金など）支援できるときにはいつでも支援する」という伝統的な扶養の理念をもってはいる。しかしそうした約束を元夫・パートナーと取り交わしたとしても、ちゃんと履行されることはまずないといっていい。元夫やパートナーが同じ村に暮らしており、日常的に対面しているにもかかわらず、である。たとえば、ベッキーは出稼ぎを機に別れた元夫からときどき養育費を送金してもらっているというが、これはごく稀な例である。またパプアニューギニアには、児童扶養手当のような生活保障制度はないが、元夫・パートナーを相手どって離別後の養育費や生活費を求める訴訟を起こすことができる［馬場 二〇〇九］。しかしこの法制度を利用している女性は、まだまだ少ない（三人）。

では、彼女たちが貧窮に陥っているかというと、そうでもなさそうなのである。現金収入もなく、生活支援もない彼女たちの生活を支えているのは、村落社会の仕組みである。なかでも重要なのは「助け合い」と「柔軟な世帯構成」といっていい。まずは、前者（助け合い）についてみていこう。

パプアニューギニアで一般的にいえることだが、村落の人々は親族と（結婚を通じた）姻族による広大な人間関係の網の目のなかで生きている。とくに私の調査した海岸部の地区は集住地帯を形成し、総世帯数の約八〇％が集中しており、そこで暮らす人々は空間的にも、系譜的にも親密な関係にある。このことは、シングルマザーの生活を考える上できわめて重要な点である。

たとえば、キアク、トレーシー、アサの三人は実の姉妹で、ポリンはその従姉、アデラはキアクたちの実の姪にあたる。彼女たちは集住地帯の一角にまとまって暮らしているが、そこには祖先を共有する他のキョウダイ・イトコ・オジ・オバといった近親者もいる。こうして彼女たちは近所——家の窓から声をかければ、相手に届く距離——にいる親族と交流しながら、モノから労働まで、生活で生じるさまざまな不足を補い合って生きているのである。性別役割分業は明確に区別されているが、夫がいなくとも、「男の仕事」は兄弟やオジに任せればいいことである。一般的

家屋は違えど、キョウダイ、イトコ、オジ、オバなど近親縁者がすぐ近くに暮らし、日常的に交流がある。人々の生活は、こうした共同的な人間関係と切り離して考えることはできない。（2008 年筆者撮影）

にみても、自給的生業は核家族単位でおこなうよりも、近親縁者が協同しておこなうケースが多い。

クルティ社会では——世界の多くの社会でもみられることだが——親族や姻族の行為規範が明確に決められている。たとえば、キョウダイどうしは尊敬し合い、お互い助け合わねばならない。イトコは冗談関係で、かなり乱暴な振る舞いも許される。オバやオバはさまざまなサポートをしてくれる存在であり、敬わなければならない。姻族の要求には必ず応えるなど、しかるべき振る舞いが決められているのだ。こうした規範に従わないこと（悪い振る舞い）は、当人にとって恥であり、社会的評価を落とすことになる［馬場 二〇〇六］。

このことを踏まえれば、実のキョウダイやイトコが近所にいるこの集落では、食べ物その他のモノ、労働の提供など、きわめて濃密な相互行為が日々繰り返されている様を容易に想像できるだろう。とすれば、家屋が別々だとしても、それは決して「孤立」を意味するのではないのだ。私たちの感覚に置き換えるならば、一つ屋根の下で暮らしている家族が、夜になるとそれぞれの部屋で寝ているという感じに近い。

こうしてシングルマザーは、パートナーと離別しても、決して独り身や「孤」という状態のなかに置かれるわけではない。たとえ独立した家屋で暮らしていても、親やキョウダイと隣接している。より広くは、集住地帯とその周辺に張り巡らされた親密な人間関係のなかに包摂されているのである。そして親密な関係は相互扶助をともない、結果的に生活上の不便さや苦境を解消していくのだ。

4　柔軟な世帯構成

シングルマザーの生活を支えるもう一つの仕組みは、世帯が状況に応じて柔軟に構成されるということである。純粋な核家族世帯はむしろ珍しく、キョウダイやオジ・オバ、遠縁の親族もいれば、姻族も加わっているし、同居がかなり長きにわたる者もいれば、いつの間にかいなくなる一時的な居候者もいる。とくに子どもは、親密な人間関係の網の目を柔軟に移動している。彼らが落ち着くところでは親族が当然のように父/母の役割を引き受けるし、養子もしばしば行われている。これは、パプアニューギニアで広くみられることである。以下では、二つの世帯の構成についてみてみよう。

ジェニー（一九六九年生まれ）は艶やかな声音と絶えない笑顔でどんな人にも優しく接する、いわば癒し系女性だ。これは彼女の職業にもよるかもしれない。彼女は保健師として、一九九九年から（D地区の）簡易診療所を一人で切り盛りしている。ジェニーは給料を得ているだけではなく、診療所に駐在するための立派な家屋（政府が提供）が与えられている。そしてここには、二人の若いシングルマザーが居候している（二人は実の姉妹）。いわばここは、シングルマザーどうしが一つの世帯をつくって暮らしているのだ。ジェニーと彼女たちの母は姉妹であるため、若い二人はジェニーのことを「母」（類別的な母）と呼んでいる。ここ二年ほどの間に、いつのまにかジェニーの家に居座るようになり、今では実の親子のように暮らしている。

マータ（一九六〇年生まれ）は知的好奇心とユーモアにあふれた聡明な中年女性であり、これまで何

人かの男性と情熱的な恋愛を繰り返してきたようである。しかしそれらのどれも、長く続かなかった。残ったのは、父親違いの二人の子どもである。現在、この家族は一緒に暮らしていない。長女のリタは幼年期から、オバに預けられている。当時、そのオバは（マヌス）州立病院で働く看護師であったが、なかなか子どもに恵まれなかった。その一方で、無職だが「遊び」好きなマータは、子どもを誰かに預けて、人生をリセットしようとしていた。彼女は、リタを養子に出すことをためらわなかった。そのせいか、リタは自分の母マータについての話題を嫌がり、マータが男関係のことで叱りつけようものなら、「いまさら母親面しないでよ」と吐き捨てたりもする。一方の息子シポマは、マータと一緒に暮らしてきた。しかしマータは二〇〇六年頃から持病の喘息がひどくなり、病院へのアクセスが容易な町（州都のロレンガウ）の親族の家に居候しはじめた。村に残されたシポマは、オジの家に居候している。二〇〇八年、私が村に戻ってみると、かつてマータたちが暮らしていた家屋は完全に取り壊され、家の杭のみがかろうじて残っていた。こうしてマータの家族は離散しているのだが、逆にいえば、これは親族をいつでも受け入れるパプアニューギニアの世帯の柔軟性を表しているだろう。

なお居候といっても、受け入れ先の家事（掃除、洗濯、薪集め、料理、畑仕事など）を主体的に手伝うことが暗黙に求められる。そうでなければ、「腐ったバナナ」「ただいるだけ」などといわれ、そこに居づらくなってしまう。問題を起こそうものなら、追い払われることもある。居候には、居候するための作法がちゃんとあるのだ。

5　シングルだってへっちゃらよ⁉

これまでみてきた助け合い（相互扶助）と柔軟な世帯構成は、私が調査地で出会ったシングルマザーの人生や生活を支える共通の仕組みといえる。もちろん、この仕組みはシングルマザーの専売特許ではなく、すべての人に開かれたものである。そもそも個人は、核家族をこえた集団の共同的社会関係の中に生まれおち、かつそこで生きていく。助け合いや柔軟な世帯構成は、そのような存在様式の反映なのだ。ただし予想できるように、この仕組みは一方の者（たとえば、貧しい者）にとっては救済の装置になるが、他方（たとえば、豊かな者）にとっては負担や足かせになってしまうことがある。例として、あなたが首都で働く高給取りの公務員だとしよう。キョウダイから事ある度に「送金しろ」と電話がかかってきたり、親族関係者の居候を引き受ければ、食事などの面倒まで見るのは当たり前だと考えられている。キョウダイの子どもを預かったなら、学費の支払いまでを覚悟した方がいい。シングルマザーが「弱者」かどうかはともかく、彼女たちは明らかにこうした仕組みから恩恵を受けている側にいる。この仕組みをうまく使い、生活上の負担を軽減・解消することで、シングルマザーという状態は「人生で陥ったちょっと特殊な状態」程度のことにすぎなくなり、彼女たちは生活の問題にことさら煩わされることなく身の振り方を自由に考えることができるからである。彼女たちにある種の「軽やかさ」を与え、日本のシングルマザーのような重みや生活の切実さを感じさせないのは、こうした文化的な背景があるのだ。

「人生で陥ったちょっと特殊な状態」はなんなく切り抜けられ、別の状態に容易に移り変わっていく。（とくに若い）シングルマザーたちの境遇は、数年で大きく変化している――シングルマザーという状態は所詮その程度のことなのだといわんばかりに。二〇〇六年三月時点のシングルマザー（二六人）のうち、何人かの変化を報告して終わりにしよう。約二年後（二〇〇八年一〇月）に私が調査地に戻ったときのことだ。

夫が別の女に走って失意のままでいたアサ（三〇代後半）だったが、なんと夫が戻ってきていた。別の女とうまくいかなかったらしい。小さな家のベランダに彼女と夫が笑いながらおしゃべりし、夫はいつの間にか成長した娘を確認するようにしっかりとその腕に抱きかかえていた。

元夫に養育費を請求していた数少ない女性の一人、アゲイ（三〇代後半）も、新しい男と同棲をはじめた。男は、元夫とのあいだにできた子どもを引き取ることに戸惑いを示したため、アゲイは三人のうちの二人（男児）を元夫に預け、一人娘とともに男のもとに飛び込んだ。あんなに畑仕事の辛さを叫んでいた彼女は、養育費の請求を放棄し、今では人里はなれた熱帯雨林のなかに身を潜めている。きっと幸せなのだ。

メアリー（三〇歳前後）も長らく親元にいたが、最近二〇歳近く離れた小学校の校長と一緒になった。彼の方は再婚となるが、キレると何をするかわからない性格上少し問題のある男である。

サリー（二〇代後半）は、近所に住んでいた子持ちの既婚男性を寝取ってしまった。寝取られた妻は激烈に怒り、サリーとのケンカは血をみるほど暴力的だったが、夫の気持ちはすでにサリーに傾いてしまっていただけに結論は端からみえていたのだ。二人は新しい家を建て、新しい生活をスタートさせたが、同時に新たなシングルマザー（元妻）も誕生してしまった。

サリーの良き友であるアデラ（二〇代後半）は、前から想いを寄せていた男フランクと運よく結ばれていた。研究者としてあるまじき感想だが、挙動不審（ときどき行方不明になる）を除けば、基本的にお洒落なイケメンで誰からもモテそうなフランクがなぜ容姿も性格も決して「上級」とはいえないアデラを選んだのかは、はっきり言って理解に苦しむ。

そしてトキ（二〇代後半）。彼女は子どもを母親に預け、人生の新しいステップを踏み出したかに見えた。実際、会社勤めの男とこれから新しい生活を…と思っていた矢先に死亡した。死因は、エイズだという。相手の男も同時期にエイズで死んでいる。どちらがキャリアだったのか誰も分からないが、誰もが分かっていることは、新聞やラジオなどで騒がれているエイズがこの平和な村にすでに到達していたというおぞましい事実である。

最後に、私をからかっていたヤンキー姉妹（二〇代後半）は、相変わらずやりたい放題やっていた。とくにローズは、ローカル・ディスコで朝まで踊り狂い、刑務所から出所してきた男に恋をしている。いつしかその男は、赤いバンダナを身につけるようになった。ローズのものである。それが、「幸せの赤いバンダナ」になるかどうかはまだわからない。ただローズの人生が少しづつ動き出していることは確かである。

〔参考文献〕

厚生労働省　二〇〇九「子どもがいる現役世帯の世帯員の相対的貧困率の公表について」(HP：http://www.mhlw.go.jp/stf/houdou/2r9852000000z2icn.html)。
馬場　淳　二〇〇九「植民地主義の逆説、女たちの逆襲――パプアニューギニアにおける扶養の紛争処理とジェンダーの政治学」『アジア経済』第五〇巻第八号。
――　二〇〇六「想起される〝振る舞い〟――パプアニューギニア・クルティ社会におけるパラ・ソウエ儀礼の分析」『法社会学六五号』有斐閣。

非婚の選択

ポリネシアのクック諸島マオリ流

棚橋　訓
Tanahashi Satoshi

1　孤独・孤立・個

人は社会的動物とも言われるぐらいだから、他のだれかとのつながりを求め、他のだれかとつどいながら生きていたいと思うのが常だと言えるだろう。たとえ刹那的なものだと判っていたとしても、だれかと言葉を交わし、指先だけでもだれかと触れ合って、だれかの身体のぬくもりを感じていたいとも思う。しかし、人はわがままな動物でもある。つながり、そして、つどいたいという欲望を根っこに抱いているのに、ときには独りになりたいなどと駄々をこねる。独りになって、他のだれかを遠ざけ、日常の渦の中に埋没しそうになっている「自分」を取り戻したいのだなどと勝手なことも、のたまう。そのくせ、独りのときが永遠に続くことには耐えられずに、ふたたび、つながりを求め、つどい、ぬくもりに浸りたくなったりする。

あたりまえのことなのだが、独りの状況と言っても、社会的動物である人にとって、独りのあり方は

非常に複雑多岐にわたっている。つながりたい、つどいたいのに、他の人や出来事との関係を断ち切られてしまったような状況や、断ち切らざるを得ない状況、つまり、独りぼっちで助けのない孤独に陥ることに人はめっぽう弱い。日々、人生の終着点に「孤独死」の三文字が書き込まれてしまうことに対して恐怖心を抱き、朝刊にこの三文字を見つけるだけで、その日一日が憂鬱になってしまう。

その反面、人によって、あるいは気分によって、独りであることに生き方の出発点と終着点を求め、孤立して生き続けることに意味を見いだそうとする場合もあるだろう。孤立というと、これを孤独と同じ意味に捉える向きもある。しかし、ここでは、孤立とは孤高にも通じ、他との交渉をもたず、離れていることや頼らないことを積極的に選びとることだという主張が含まれてもいる表現だと理解したい。

生活のあらゆる側面において孤立を求めるのであれば、俗世を避けて宗教に帰依した遁世者か人生を見限った厭世者ということになってしまうかもしれない。しかし、オール・オア・ナッシングの極端な選択しかないわけではないだろう。生活のある側面では孤立を指向することにして、その限定された側面においては、独りの時間と空間を確保してみるというやり方もアリだと思う。その独りの時間と空間のなかで「自分はどのような個であるのか」を見すえて、「自分」の回復に努めてみる。そのような独りの状況に自らを追い込んでみると、改めて、それぞれの胸中に「自分」という個のあり方が明確になるのではないかと思う。また、そこで得た「自分」という個のあり方を一つの覗き窓にして、生活の他の側面でのつながりをより良く生きる術を手にする契機を得ることができるかもしれない。

このような、独りの状況を通じて社会の仕組みに絡めとられた「自分」のあり方を捉え直してみるという意識転換は、すでに昨今の日本で多くの人が実際に試みている作法であるように思われる。上野千鶴子氏の『おひとりさまの老後』（法研、二〇〇七年）が刊行されてから、超高齢社会である現今の日本社会に生きるわれわれの間では、男女を問わず必ず訪れる老いをいかに生き、そして死をむかえるのかということがさかんに議論されている。死別、離別、非婚とさまざまに異なる背景のなかで立ち現われるであろう「シングル」のときを、いかに生き続けるのが良いのかということが、繰り返し問い続けられている。特に、結婚というステップを人生の定石とは考えずに非婚という生き方を選ぶ女性や男性が増え、さらに、長い間続いた結婚生活に終止符を打つ熟年離婚も増えているといわれる現在の日本社会では、より根底的なところから「シングル」という生き方の可能性が模索されている。離別や非婚によって「シングル」という生き方を選び、あるいは、死別による「シングル」の状況をむかえて、いかに孤独に直結することを回避しながら、（先に述べたような意味での）積極的な孤立を指向することができるのかという難問にわれわれは挑んでいるのだと言えるだろう。その難問の先に見いだされるであろう、個のつながりの回復を求めながら。

2　クック諸島のアカイポイポ

クック諸島には「夫」「妻」という言葉がない？

この難問に対してすぐに明快な答えを出すことなどは、おそらく無理だろう。つきなみな言い方だが、

この問いを問い続け、模索する以外にはないのかもしれない。そこで、その模索の一助として、そもそも結婚とは何なのかについて、私がフィールドワークを通じた思索の場に（一方的に）選んでいる南太平洋ポリネシアで出会ったケースから考えを巡らせてみたいと思う。以下では、特に、一九九二年からフィールドワークを行っている中部ポリネシアのクック諸島の場合に焦点をあてて、その島世界で私が出会った結婚のあり方をめぐるトピックを提供することにしたい。

クック諸島はイギリス領（一八八八年）とニュージーランド領（一九〇一年）を経て、一九六五年にニュージーランドと自由連合関係を締結して地域の内政自治権を手中にした。人口はおよそ一四、〇〇〇人（二〇〇六年現在）、国土面積二三七平方キロメートルの小島嶼国で、独自の憲法・議会・首相を擁しているが、日本はこれを独立した国家として承認しておらず、ニュージーランド内の一自治地域と見なしている。

一九世紀半ば以降に、他のポリネシアの島嶼に比して、より積極的にキリスト教化とヨーロッパ化の波を受け入れた経緯があり、先住民のクック諸島マオリの方々には敬虔なキリスト教徒が多く、初等・中等教育の制度が整い、識字率が高い島国として知られている。主な現地言語はポリネシア語系のラロトンガン・マオリ語だが、イギリス系の植民地支配が長かったことに由来して、クック諸島マオリは総じて英語の読み書き能力に優れ、日本人などが及びもつかないほどである。

非常に興味深いことなのだが、クック諸島の主要言語であるラロトンガン・マオリ語には、そもそも夫と妻という存在を示すための特別な語彙がない。男性はターネ（tāne）という言葉で表現されるが、この言葉は単純に男を意味するものであり、同時に、恋愛関係にあるボーイフレンドや、夫を意味する言葉でもある。女性はヴァイネ（va'ine）と表現され、これも同じく女でありガールフレンドであり妻を意味する言葉だ。従って、たとえば、男性から「これが私のヴァイネです」とある女性を紹介されても、その女性が当の男性のガールフレンドなのか、それとも妻なのかが、にわかには判断しがたい。男もボーイフレンドも夫も、あるいは女もガールフレンドも妻も、それぞれをしるしづける別個の言葉によっては区別されないのだから、致し方ない。

「アカイポイポ」の男女関係とは何か？

一方、一組の男女が社会的に特別なつながりを認められて生活を共にしている状態のことは、アカイポイポ（'akaipoipo）の関係にあると表現される。この言葉は一般に英語の marriage や日本語の結婚に相当するものと理解され、そのように翻訳されてもいる。一九世紀半ばにクック諸島にキリスト教が布教されて以来、このアカイポイポの表現はキリスト教の神の前での誓約を経て成立する結婚に相当するものとヨーロッパ人たちに理解され、ヨーロッパから輸入された近代法に則った登録の手続きを経て成立する法律婚（civil marriage）に等価なものとされてきた。しかし、元来、このアカイポイポが意味するのは「特定の相手として認め合い、まるで、まばたきをするように繰り返し交合するようになった二人の関係」であり、法的登録によって成立する結婚とはかなり趣を異にする関係のあり方だと言える。クック諸島を訪れた布教当時のキリスト教宣教師たちは、世界中のどこであっても人の世には、た

とえそれが原始的なものであったとしても、「宗教」と呼べるものが存在するはずだと思いこんでいた。それと同様に、彼らは、たとえそれが野蛮な形態であったとしても、キリスト教の「結婚」に相当するような人と人が契りを交わす作法があるはずだと考えていた。その結果、夫や妻をさし示す特別な言葉すらラロトンガン・マオリ語には存在しないのに、アカイポイポと結婚という二つの異なる概念を直接的に結びつけてしまう無理を犯すことになった。

現在でも、クック諸島マオリは、この無理さ加減を良くわきまえている。クック諸島社会では法的な関係の登録によって法律婚を成立させることが蔑ろにされているわけではない。しかし、実質的な夫婦関係をスタートするにあたって、周囲の人々によるアカイポイポの関係の社会的な承認が最も重要なことがらであって、法律婚の成立は二次的なものと理解されている傾向が強い。

一般的なステップの例だが、一〇代後半から二〇代前半あたりの年頃になって、お互いに心惹かれあう二人（イポ）が性関係を結び、次第に「決まった関係に入って」（アカイポ）いくに従って、それまで見て見ぬふりをしてきた双方の両親や近親者が二人の関係を認めるようになる。この過程で当の二人に子どもが生まれると、最初は女性が子どもとともにその生家に留まって自分の母親や独身のオバの助けを借りながら育児を行い、男性の方は別居したまま女性の家を訪れる妻問婚のかたちをとるのが普通だ。その間、男性は自分の両親らを説得して自分の土地を手に入れ、そこに新居を築き、女性と子どもを迎え入れて独立した家を構えて新たな家族をスタートする準備を着々と進める。もちろん、準備の良い男性であれば、二人の関係の行く末が見えてきた段階でこうした手筈を整えておく。

しかし、新たな家族をスタートするお膳立てがすべて整い、男女とその子どもが同居を始めたとしても、それに合わせて法的な結婚登録の手続きを行い、ヨーロッパ・スタイルの結婚式を挙げるカップルがけっして多いわけではない。むしろ、調査の過程で私が出会った方々のなかには、家族としての生活を実質的にスタートさせ、場合によっては、二人目、三人目と子どもをもうけてから、挙式したというケースの方が多かった。つまり、事実上の夫婦としての生活が安定し、その状態がある程度は継続してから法的な結婚登録を行って盛大な結婚祝の会——二人の特別な関係が続いたということを祝う会——を催すというわけである。

3　離別の方法

三行半《みくだりはん》は女性から

好き合って生活を共にするということ。妊娠と出産を経て、生活を共にしてきたことの証しとして法律婚を選択すること。アカイポイポの関係を出発点とするこうした状況は、法律婚を「正解」とする近代のシナリオからは外れるのかもしれない。だが、このような順序でステップを踏んで成立したクック諸島マオリの結婚カップルは、私が見るかぎり、非常に強い個の結びつきを有するカップルであるように思われる。

他方では、アカイポイポの関係になり、さらに子どもをもうけたとしても、男性の経済力や社会的な

責任感に問題を感じたり、男女の関係が冷めてしまったりすれば、法的な結婚登録にはコマを進めずに、その時点でアカイポイポの関係を解消してしまうことが稀ではない。すでに子どもを授かっている場合であれば、関係解消後には女性の家族と親族が母子を庇護し、子どもの成長を全般的に支えていく。このような場合に、通例では、女性の両親がその子どもを養取して育てるかたちを選択することが多い。現在でも続くクック諸島マオリの慣行では、何かあったときには、第一子以降奇数番目に生まれた子は父方あるいは母方の祖父が、偶数番目に生まれた子は父方あるいは母方の祖母がそれぞれに主な責任を担う養い子となることが了解されている。この制度的な仕組みに従って「もしも」の場合の備えがなされていくのだが、アカイポイポ関係が解消された場合には、母方の祖父母が対応を引き受けるというわけだ。法律婚が離婚によって解消した場合には、それ相当の協議が父方・母方の両親族を交えて行われ、いずれのサイドの祖父母が子どもを養う責任を担うのかが決まる。

家族・親族に庇護される母子とは対照的に、アカイポイポの関係が解消されたり、離婚によって法律婚が解消されたときの、男性当事者は幾分悲惨で、彼に対する社会的処遇は極めて厳しいものだ。いずれにおいても、クック諸島社会では女性が男性に「三行半」をつきつけることが多いのだが、その際には、重要な「嫁入り道具」の一つとして持ち込んだベッドカヴァー（ティヴァエヴァエ tivaevae）とともに、女性が実家に引き上げてしまうというのが一般的な離別の意思の表示方法である。

「三行半」をつきつけるのが男性ではなく女性であり、さらに離別後の女性が庇護されるのと対照的に男性が嘲笑の的となることの背景には、女性の存在に対する重要な文化的意味づけの問題が潜んでいる。

クック諸島の女性の両義的意味 —— ヴァイネとトゥアイネ

クック諸島では、女性は非常に両義的な存在だと考えられている。まず、男性にとって、性と生殖のパートナーであるガールフレンド／妻（ヴァイネ）は常に男性が統御し支配すべき対象と意識されている。一方、男性にとって、自分の姉妹（トゥアイネ tuaïne）なる女性は全く別な存在だ。姉妹は兄弟に対して霊的に優位にあるとされ、マナ（mana）という霊力を行使して兄弟の生命すら統御する存在であり、最上の敬意を以って接するべき対象とされている。また、姉妹は他の集団の男性と結ばれることで、縁組を通じた政治勢力と利用可能な財源の拡大を兄弟にもたらす可能性を秘めた重要な「資源」であるとも考えられている。それゆえ、兄弟は姉妹の霊力につき従い、変な相手とアカイポイポの関係で結ばれてしまわないように、姉妹の貞節を命がけで守ることが使命ともされてきた。つまり、男性にとっての女性とは、ヴァイネとトゥアイネの二つの側面を持ち、女性の兄弟の厳しい監視のもとに、その存在をめぐって性と貞節が拮抗し続けるような一種のアリーナの状況を呈することになる。

こうした考え方にならえば、アカイポイポの解消や離婚の際に男性から女性に「三行半」をつきつけることは、ヴァイネとしての女性の統御と支配に失敗したことを男性が自ら世間に公表し、男性としての威信を自ら損ねてしまうことになると理解することができる。だとすれば、男性が自分から別れを切り出すことはなるべく避けたいと思うだろう。

従って、クック諸島で一般に見受けられるように、別れの際には女性から男性に「三行半」をつきつ

けることになるのだが、その場合に男性は一層決定的な威信の失墜を免れ得ない。彼の威信は根底から覆され、立ち直ることができないような精神的打撃を被り、別離の後、一生を独り身で通す男性も多い。

これと対照的に、女性は独り身になって、ふたたびトゥアイネとして兄弟にむかえ入れられ、家族や親族に庇護される生活へと立ち戻っていく。別離を経てトゥアイネの位置に立ち戻った女性の多くは、その後、別な男性との間に新たなアカイポイポの関係を得て、ふたたびヴァイネとしての生を紡いでいく。一つの同じアカイポイポの関係を維持しながら生きてきたといっても、女性と男性では、その背後に全く異なる世界を抱えているのだと言えるだろう。

これまで調査中に私の身近で起きたアカイポイポの解消や離婚による離別のケースでは、男性のいずれもが女性の家族・親族や友人から揶揄や嘲笑の的とされ、精神的に打ちのめされ、酒やブラック・ピル（合法ドラッグ）に身をやつしていく結末をむかえることが常だった。実は、クック諸島を含むポリネシアは、その「南洋の楽園」というイメージに反して、世界の自殺多発地域の一つに数えられており、特に一五―二四歳の男性自殺者の比率が高いことで有名だ。事の性格からして統計的な数字以上の詳細は不明なのだが、「三行半」をつきつけられた男性の威信失墜と精神的打撃のありようとけっして無縁ではないように思われる。クック諸島でも男性はつらいのだ。

4　アカイポイポという非婚の選択

以上に概観したアカイポイポの傾向は、統計の数字にも見て取ることができる。私が結婚に関する調査を開始した頃のクック諸島のセンサス（一九九六年）によると、一五歳以上の人口一一、五六七人のうち、五、三二六人（四六％）が既婚者（そのうち男性既婚者二、六五二人、女性既婚者二、六七四人）である。これを年齢階層別に見ていくと、一五歳から二九歳までは「今まで結婚したことがない」ものの数が圧倒的に多い。例えば、二五―二九歳の階層では「結婚している」もの四九三人（三四％）に対して「今まで結婚したことがない」もの九五〇人（六六％）となっている。しかし、三〇歳を境に「結婚している」ものの数が「今まで結婚したことがない」ものの数を上回り、三〇―三四歳の階層では「結婚している」もの七一三人（五五％）に対して「今まで結婚したことがない」もの五七四人（四五％）に逆転する。一方、同じセンサス資料から女性の出産年齢の特徴を読み取ると、初産のピークは二〇―二四歳、第二子出産のピークは二五―二九歳であり、三〇―三四歳という結婚のピークよりも若い年齢層に出産のピークが現われている。

センサスに現れる結婚は一義的に法律婚を意味するわけだが、こうした数字は、アカイポイポの関係を経てから法的な結婚登録に向かう傾向があるという個別ケースの観察にマッチするものと考えられる。

また、アカイポイポの関係を結び、いわゆる事実婚の状況に移行したとしても、法的な結婚登録を行わなければ、統計上では当事者の男女は「シングル」としてカウントされ続ける。アカイポイポの関係

において子を授かったとすれば、これも統計のうえでは、「シングル・マザー」の増加という出来事として現れることになる。クック諸島マオリにおけるアカイポイポ関係の優先が（別居による妻問婚の段階を含む）事実婚の生活スタイルを生み出している。しかし、この事実は、およそ一〇〇年前に当地に移植されたヨーロッパ型の法と福祉政策の基準から見れば、単なる「生活保護の対象としての母子家庭」の増加としてのみ理解されることになってしまう。

先に触れたように、クック諸島社会は一九世紀半ば以降に積極的にキリスト教化とヨーロッパ化の波を受け入れた地域の一つである。しかし、ヨーロッパ流の近代化の波を受け入れながらも、そこにあるクック諸島マオリの男性と女性のつながりのかたちは、結婚をめぐる近代法の常識には支配されない領分を今も維持してきていると評することができるのではないだろうか。

法的な登録に基づく夫と妻という役割に支配されることのない男性と女性の関係を常に出発点としながら、アカイポイポの関係がそこにある。そして、男性と女性がアカイポイポの関係に全面的に寄りかかって生きるのではなく、それがいつでも解消され得る関係であることを常に意識しながら、それを生きていく。こうした背景のなかで、アカイポイポの関係は、当の二人が「自分はどのような男性あるいは女性であるのか」を問いかけ続けていくことでしか維持され得ないものなのではないだろうか。

一見すると、アカイポイポは煩雑な法的登録を回避して慣習の世界に埋没するような、前近代的な成り行き主義の生き方に見えてしまうかもしれない。また、アカイポイポの経験を経由してから法律婚の存在が意味づけられているために、アカイポイポは結婚の関係と連続したものであるようにも見えてしまう。しかし、実のところ、アカイポイポとは、法律婚とかなり異なる社会的現実を生みだす生き方である。いや、むしろ、アカイポイポの関係は、法律婚の対極に位置づけられるような、ある種の積極的な非婚の選択であると表現するのが相応しいだろう。

アカイポイポの思想を日本に持ち込むなどという到底無理な主張をするつもりは、さらさらない。しかし、アカイポイポという生き方を積極的な非婚の生き方として捉えて、これを日本の離別や非婚による「シングル」の生き方に照らし合わせたみた場合に、少なくとも日本において自明視されている結婚と「シングル」とはいったい何なのかということを、その根っこから捉えなおすための重要な契機が与えられているように思われるのである。

コモロの三くだり半事情

花渕 馨也
Hanabuchi Keiya

1 ひとりになる方法

「離活」という言葉をよく耳にするようになった。いわゆる「婚活」の逆で、できれば円満に、さっぱりと離婚するための活動のことだという、熱心なのは圧倒的に女性らしい。インターネットで検索してみれば、離婚カウンセラーなるその筋の専門家が、「先手必勝⁉ 正しい離活の進め方」といったマニュアル的情報を提供している。離婚の心構えから法的手続きまで、離婚により「幸せなひとり」の生活を勝ち取る指南をしてくれるのだ。結婚するのもたいへんだが、一度築かれた婚姻関係をきれいに解消するのはもっとたいへんなのだというおどかし文句が、なんとなく、離婚とは無関係だと思っている私さえおだやかじゃない気持ちにさせる。

それにしても、もともと夫婦は赤の他人同士がたまたま一緒に生活するようになっただけなのだから、離婚してそれぞれがひとりにもどることなど簡単にできそうな気もするのだが、そうもいかないのはなぜだろうか？ いったん結びついた関係を解消し、晴れておひとりさまにもどるには、個人的な問題だけでなくさまざまな社会的な困難が待ち構えているのだと離活の専門家はその障壁を数え上げる。

どうも、離婚を邪魔しようとしているのは社会のようだ。社会は人と人とが関係を結ばなければ崩壊し、無くなってしまうのだから、社会がひとりをきらうのも当然だろう。かなり以前から個人主義の時代だなどと言われているが、本当のところ、現代でも社会はなかなか人をひとりにしてはくれず、常に誰かと関わりなさい、コミュニケーションしなさい、結びつきを大切にしなさいなどとうるさく要請してくる。どうしたって人と関わらずに生活することはできないのであり、ひとりになりたいと思ってもなかなか孤独にしてくれないのが社会なのだ。人はひとりであるようで、実は、ひとりになるのはけっこう難しいのではないだろうか。社会を継続させるために子孫を残す戦略として重要な結婚ともなれば、そのペアリングを解消することは社会にとって死活問題だから、なんとしても離婚を認めまいとあれこれ邪魔をするのは当然である。

離活とは、社会的生物として生きることを選択した人間だからこそ背負う、逃れがたい社会のしがらみを断ち切るために必要とされる戦略的マニュアルなのだともいえるだろう。人は生涯のうちにそうそう何度も離婚を経験するわけでないし、離婚の仕方などはよく分からないひとがほとんどだと思う。だから、たいへんな思いをして泥沼にはまりこむよりは、ここは専門家の意見をきいて、冷静に、うまく解決しましょうという考え方はよくわかる。

しかし、何かが違うという気もする。「損をしないための離活」などといった言葉が本の表紙におどり、まさにビジネスの契約を解除するかのように結婚を解消しようとする風潮にはどこか寂しさを覚えるとともに、結婚という絆からどんどん情緒的な部分が失われ、しがらみという重さや深さのない関係になってしまう危うさも感じてしまう。マニュアルによって管理できるような人間関係など、つまらない薄っぺらな関係にすぎないのではないか。夫婦関係でも、友人関係でも、その関係が壊れるときに、その本質が見えてきたりするものだ。

2　コモロの離婚事情

日本における離婚の困難に比べ、私が長いこと人類学の調査をしている東アフリカのコモロ社会というところでは、離婚はそれほど難しいことではないようにみえる。コモロは東アフリカのモザンビーク海峡に浮かぶ島国で、アフリカやアラブなどの多様な文化が混ざり合った文化をもつイスラーム社会である。私がコモロで驚いたのは、離婚が多いという事だ。離婚はアメリカやヨーロッパのような先進国になればなるほど増えるという認識は間違いのようで、アフリカの社会でも離婚が多いところと少ないところがあるようだ。統計は取っていないが、おそらくコモロの離婚率は日本よりもずっと高い。もちろん、一生添い遂げるという夫婦もいるが、むしろ離婚経験のない大人の男女を探すほうが難しい。私の一番の友人M君はまだ三〇代後半だが、もう三回も離婚しているし、もうすぐ四回になるかもしれない。隣に住んでいた四人の子供の母親であるHさんは、四回離婚し、四人の子供の父親はそれぞれちがった。小さな村なので、父親たちはみんなお互いに知り合いである。コモロで慣習的に行われている割礼儀礼の際に、四人の子供の父親たちが一同に集まりお祝いをしている風景を、私はなんとも不思議な気持ちで眺めていた。

　コモロで離婚が多いことの理由として、まず、離婚に対する否定的なイメージが弱く、むしろ積極的にそれを認めるという態度が男女ともにある。コモロでは、夫婦の愛がなくなったにもかかわらず一生添い遂げるべきだとは考えられておらず、お互いにパートナーとして相性がよくないのであれば、離婚して別なパートナーを探すべきだと主張する人が多い。こうした考え方には、イスラーム教の預言者ムハンマドが複数の離婚経験のある女性たちと結婚したという伝承が影響しているという人もいるが、夫婦の愛情や、結婚の関係といったものを永遠の固い契りというよりも、より柔軟な、変わりうるものとしてコモロ人は捉えているようである。また、大家族制による幅広い親族の相互扶助があるため、離婚しても生活の問題や子供の養育の問題などをそれほど心配することがないことや、女性が家屋や畑を相続するという伝統により独身女性もそれほど生活に困らないという社会的背景も大きいだろう。もちろん、個別の事情はさまざまだが、コモロでは、離婚が人生や生活の深刻な危機と

仲のよいコモロの夫婦。

はならず、社会全体が離婚に対しておおらかな態度なのはこうした理由による。

さらに、離婚が多いことには、離婚の法的な手続きが比較的容易だということも大きく関わっているようだ。コモロではイスラーム法に基づく結婚と離婚が行われている。それは一見すると男にとってまことに都合のよいものであり、男女の不平等が際立った制度に見える。しかし、よくよくその内情を見ていくと、必ずしもそうともいえない、コモロの夫婦関係の形や愛情のかけ引きが垣間見えてくる。

3　トァラカ――コモロの離縁状

コモロ諸島で調査していた時のことである。調査の助手として雇っていたナワウィ君には、聞き取り調査の録音テープをノートに書き起こす作業をしてもらっていた。ある日、ナワウィ君がいつもより真剣にノートに向かっていると思っていたら、昼休みになり、別な助手が笑いをこらえるように、「あいつはトァラカを書いていたんだぜ」と私にこっそりと教えてくれた。噂には聞いていたが、みんなが見ている前で、安い大学ノートに、（しかも仕事中に！）トァラカを書くとは、とあきれた覚えがある。

トァラカとはいわば離縁状である。元々はイスラーム法の中に定められている離婚の手続き方法に基づく「離婚宣言」（タラーク）で、夫は三回までトァラカを出すことができ、一回目までは復縁できるが、三回目を宣言するともう復縁できなくなる。離婚すると、女性は三ヶ月（三回の月経）のイッダという待婚期間をすぎないと再婚できない。もし、三度目のトァラカで離婚した元夫と再婚する場合には、女性は一度別な男性と結婚し離婚してからでなければならないとされている。また、離婚する権利は男女ともに認められているが、トァラカを出せるのは夫だけであり、女性が離婚したい場合にはイスラーム司法官に訴え出なければならない。

ナワウィ君のトァラカはまだ一回目で、奥さんが彼に行き先を告げずに半日ほど家を空けたことで喧嘩したのが原因だった。幸いなことに、ナワウィ君夫婦はその日のうちに仲直りして、夕方には、復縁した記念に写真を撮ってくれと私のところに二人でやってきた。

聞いてみると、私の調査している村では、一度はトァラカを経験している夫婦がほとんどで、夫婦間の駆け引きにおいて、口では妻に勝てない夫の反撃の手段として使われている向きもある。だいたい、一回目のトァラカでそのまま離婚してしまうケースはほとんどないようだ。

しかし、二度目のトァラカともなると、それ相応の理由もあるし、あと一回で本当に最後になるのだから格段に真剣さが増してくるので、トァラカの文章にぐっと気持ちが入って来る。ここに、私の友人であるムヒディン君（仮名）から承諾を得て、彼が妻に送った二度目のトァラカの内容を訳してみる。

「お元気ですか。九年間の間、私たちは一緒に過ごして来ましたね。私の愛情は貴方に届いていましたか？

貴方のとんでもなく悪い行為は私の我慢を超えました。一度目の時には、貴方が私にしたことは私の愛を試したのだと理解しました。たぶん、まだ私は貴方を愛していたのです。しかし、あなたは木

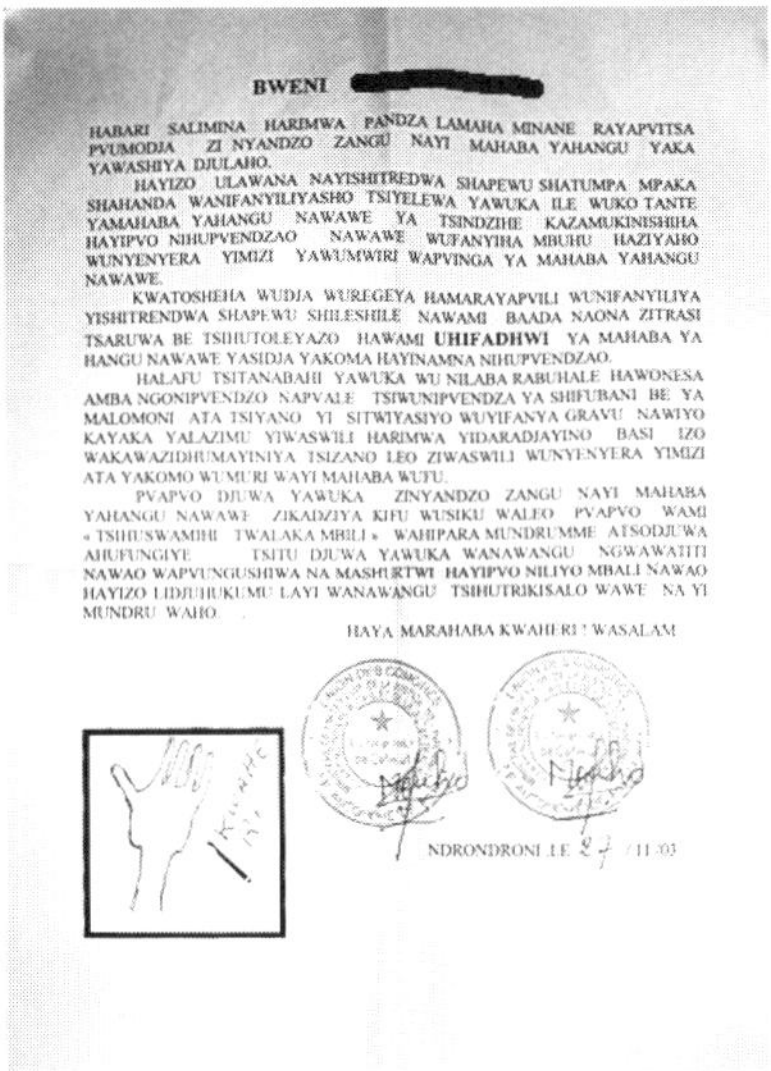

BWENI [redacted]

HABARI SALIMINA HARIMWA PANDZA LAMAHA MINANE RAYAPVITSA PVUMODJA ZI NYANDZO ZANGU NAYI MAHABA YAHANGU YAKA YAWASHIYA DJULAHO.

HAYIZO ULAWANA NAYISHITREDWA SHAPEWU SHATUMPA MPAKA SHAHANDA WANIFANYILIYASHO TSIYELEWA YAWUKA ILE WUKO TANTE YAMAHABA YAHANGU NAWAWE YA TSINDZIHE KAZAMUKINISHIHA HAYIPVO NIHUPVENDZAO NAWAWE WUFANYIHA MBUHU HAZIYAHO WUNYENYERA YIMIZI YAWUMWIRI WAPVINGA YA MAHABA YAHANGU NAWAWE.

KWATOSHEHA WUDJA WUREGEYA HAMARAYAPVILI WUNIFANYILIYA YISHITRENDWA SHAPEWU SHILESHILE NAWAMI BAADA NAONA ZITRASI TSARUWA BE TSIHUTOLEYAZO HAWAMI **UHIFADHWI** YA MAHABA YA HANGU NAWAWE YASIDJA YAKOMA HAYINAMNA NIHUPVENDZAO.

HALAFU TSITANABAHI YAWUKA WU NILABA RABUHALE HAWONESA AMBA NGONIPVENDZO NAPVALE TSIWUNIPVENDZA YA SHIFUBANI BE YA MALOMONI ATA TSIYANO YI SITWIYASIYO WUYIFANYA GRAVU NAWIYO KAYAKA YALAZIMU YIWASWILI HARIMWA YIDARADJAYINO BASI IZO WAKAWAZIDHUMAYINIYA TSIZANO LEO ZIWASWILI WUNYENYERA YIMIZI ATA YAKOMO WUMURI WAYI MAHABA WUFU.

PVAPVO DJUWA YAWUKA ZINYANDZO ZANGU NAYI MAHABA YAHANGU NAWAWE ZIKADZIYA KIFU WUSIKU WALEO PVAPVO WAMI « TSIHUSWAMIHI TWALAKA MBILI » WAHIPARA MUNDRUMME ATSODJUWA AHUFUNGIYE TSITU DJUWA YAWUKA WANAWANGU NGWAWATITI NAWAO WAPVUNGUSHIWA NA MASHURTWI HAYIPVO NILIYO MBALI NAWAO HAYIZO LIDJUHUKUMU LAYI WANAWANGU TSIHUTRIKISALO WAWE NA YI MUNDRU WAHO.

HAYA MARAHABA KWAHERI ! WASALAM

NDRONDRONI LE 27 /11/03

ムヒディン君の二番目のトァラカ。（冒頭の本名は黒線で伏せている。）

を少しずつ齧《かじ》るネズミのように、私の愛を持っていったのです。

貴方は満足せず、再び、あのようなひどい二度目の仕打ちを私にしましたね。私は叫びを止められず、私が守ってきた愛が終わるだろうと貴方に言いました。どれだけ私は貴方を愛していたことでしょう。

しかし、私は、ずっと前からあなたが私を騙していたことを確信しました。あなたは口では好きと言いながら、胸の中では私を好きではなかった。とうとう（怒りで）バケツがあふれてしまいました。貴方はこんなに悪くなるほどにひどいことをしたのです。心がひどく傷つきました。そして、今日という日が来てしまいました。貴方は木が無くなるまで齧り、愛は死にました。

もう私のあなたに対する愛は死にました。今日という日に印をつけてください。では、『ごめんなさい。二番目のトァラカです。』 あなたと結婚してくれる男を見つけてください。私たちのまだ小さい子供たちについては、私は遠くに住んでいるから、彼らに果たせる義務は少なくなってしまうでしょう。だから、子供たちの責任は、貴方と貴方の旦那にお任せします。 ありがとう。さようなら、お元気で。」

私が収集したトァラカの中でも、ムヒディン君の文章は、奥様への捨てきれぬ愛情に溢れる一方で、実にさっぱりと結婚という契約を打ち切るビジネス的感覚もはっきりしており、コモロのトァラカの特徴をよく示している。ちなみに、ムヒディン君は島の役所で働いていたため、このトァラカには役所のハンコに所長のサインが記されており、「Kwaheri（さよなら）」と横に書かれた手を振るイラストが添えてある。

彼のトァラカの原因は奥様の度重なる浮気であり、彼は何度もその現場に立ち会うという悲惨な経験をしながらも、ぐっと我慢を続けてきた。実は、この二度目のトァラカの後にも彼らは復縁した。しかし、浮気癖を治す呪薬を妻に飲ませたり、浮気防止のお守りを家に貼り付けたりといったムヒディン君の努力にも関わらず、彼の妻は再び浮気をし、ムヒディン君は三度目のトァラカを出して、二人は完全に離婚してしまった。私は三度目のトァラカも見せてもらったが、残念ながらもはや愛情も枯れた事務的なものであり、やはり、まだ未練たらたらのこの二度目のトァラカを、不謹慎なのだろうが、私はよいと思う。

トァラカは、夫から妻に一方的に送る離縁状というイメージが強くあり、いわゆるイスラーム社会の男尊女卑的な慣習として非難を受けたりもする。実際、女性の側から離婚を申し立てるには大きな困難がともなう。女性が離婚したい場合はイスラーム司法官に訴え出る必要があるが、それは社会的に「はしたない」ことと一般にみなされているのだ。

ただし、トァラカが単純に男性の一方的な契約解除のような冷めた離縁状だと言えないことは、ムヒディン君の例を見ると分かるだろう。少なくとも二回目のトァラカに関しては、男性の側から気軽に出されるようなものではなく、それなりの理由に対する、気持ちが込められた手紙であり、夫婦の関係を継続するための交渉の手札だといえる側面ももっているといえるのではないか。二度目までの離婚宣言はまだ復縁の機会があるという制度は、離婚の作法として、結婚というものがそもそも契約に基づく社会的制度であるという点に立ち返った上で、夫婦の愛を今一度そこで確かめる機会にもなっており、二人の関係のクッションにもなっているように見える。一度目の感情まかせて出してしまうトァラカ、二度目の慎重に考えた上でのトァラカ、そして、もう後がない覚悟の上での三度目のトァラカ。このような段階を踏むことで、夫婦は互いの関係と愛情とを確認し合い、修正する機会が与えられるとも言えないだろうか。ムヒディン君の二度目のトァラカには「別れても好きな人」的な気持ちがにじんでいる。ムヒディン君はこの二度目のトァラカを書いて、妻への自分の愛をもう一度確かめたからこそ復縁したに違いないのだ。

4　別れの作法

トァラカは日本の「三行半《みくだりはん》」と似ている。三行半とは江戸時代に夫から妻の家族に送った離縁状のことであり、それをもって離婚の証文とみなされ、妻は離縁状がなければ再婚することができなかった。

しかし、その内容を比べてみると、ずいぶんと感じがちがう。例えば、江戸時代に、夫から「たれ」さんという妻の家族に宛てた離縁状はこんな文面である。

里ゑん状　（離縁状）

其方事、我等勝手ニ付、此度離縁致候、（この度は、わたしの都合により、離縁します）

然ル上ハ向後何方え縁付候共、（ですから、今後どのような縁組があろうと、）

差構無之、仍如件　（一切お構いありません。）

夫　たれどの

（高木侃著『増補　三くだり半―江戸の離婚と女性たち』平凡社ライブラリー、一九九九年、九三頁より抜粋、一部省略。現代訳語は筆者による。）

さすが、三行半と言われるだけあり短く、内容も簡素だし、気持ちも一切感じられない。しかも、一回限りのものだ。まぁ、離婚するほどだから、顔を見たくもない夫から、今さら未練たらたらの手紙のようなものを送られてくるよりは、この方がさっぱりとしてよいという女性も多いのかもしれないが、他人事としてみれば、もう少しドロドロとした感情の表現などがほしいところではないだろうか。これは三度目のトァラカの文面に似ている。

さて、三くだり半の時代は終わり、今や離活の時代だ。長い間日本の女性たちは、家父長的な制度の

もとに、家や男性の都合によって結婚させられ、離婚させられてきた。離婚届は、トァラカや三行半といった男性の離縁状の代わりに、女性が手に入れた別れのカードだとも言えよう。女性たちは、男性から離縁状を一方的に渡される立場から解放され、自ら離婚届けを夫につきつけ、離婚を申し立てる権利を手にしたのだ。

長いこと三くだり半を突きつけられてきた女性たちは、どのような別れの作法を築くのだろうか。幸いなことに、あるいは残念ながら、私はまだ離婚の経験がないので、実際のところ、夫や妻がどのような形で離婚を切り出すのか分からない。ドラマなどを見ていると、ある日突然、テーブルの上に離婚届がスッと出されて、「ハンコお願いします」というような感じだろうか。想像するのも恐ろしいが、実はすでに日本のあちこちでは、着々と離活の地下活動をしてきた女性たちが、寝ぼけまなこの夫の前に離婚届をスッと広げる日々がくり広げられているのかもしれない。

もちろん、その背景としては、オレ様夫や暴力夫にあきれ果て、二人のあいだで話し合うことをあきらめざるをえなかった、長年の事情やら恨みつらみが存在しているのであろうし、他人がどうこう言うことではない。しかし、そのような準備万端の別れのカード出し方には、もはや少しのためらいや未練も無いという感じがする。そこにはかつてあったであろう男女の情熱や思いの痕跡さえ失われ、契約関係しか残っていない気がするのだ。

マニュアル化できるような、誰にでも通じるような一般的な別れ方でこと足れる男女関係とは、ひとりの女とひとりの男だけが結びうる固有な感情的関係を抜き去ったものだろう。離活という別れのマニュアル化は、現代社会において結婚がもはや情緒的な結びつきから、制度的な契約としての結びつきへと変化してきたことの裏返しなのかもしれない。何も無くても「愛してるぜ　ベイビー！」という勢いだけの結婚は鼻で笑われてしまう。互いの利害を計算し、客観的な条件を並べるような婚活による結婚の関係を終わらせるには、やはりビジネスライクな離活も必要になってくるということだろう。

だが、いきなり「ハンコください」というのは別れの作法としてはどうだろうか。別れ際にも美しい関係でありたいなどと言うと、「あほか！」と言われそうだが、美しい別れの思い出は新しい関係を結ぶ希望につながる気がするのだ。三くだり半を突きつけられる苦しみを味わってきた女性だからこそ、礼節と趣のある別れの作法を磨いてもよいのではないだろうか。たとえば、二度目のトァラカのような、別れのラブレターを出すというのはどうだろうか。

第4章

◆

闊歩《かっぽ》するシングル女性たち

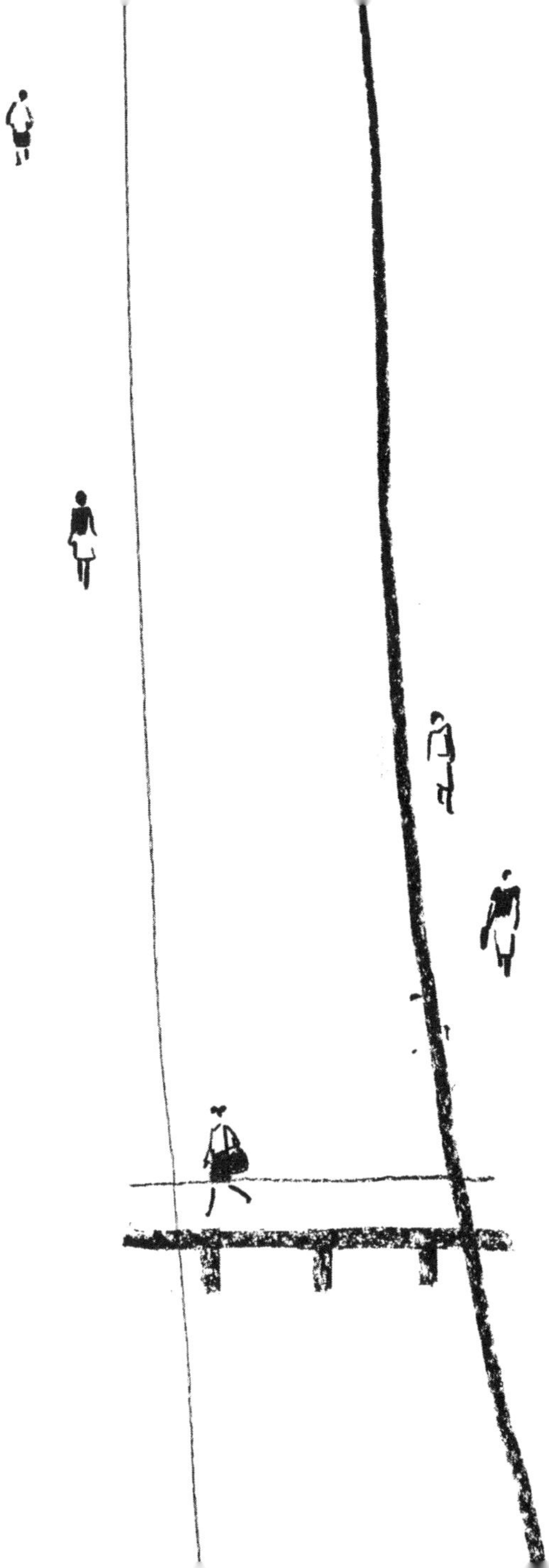

「シングル」と名乗り始めた女性たち

ネパール版シングル事情

幅崎 麻紀子
Habazaki Makiko

私はビドワ（未亡人）じゃないわ。エッカルマヒラよ。ビドワと言われると嫌な気分がするけれど、エッカルという言葉は少し尊敬されているような気がする。

これは四〇歳の学校教師のミラが語った言葉である。エッカルとは、ネパール語で「一人の、単身の」を意味し、マヒラとは「女性」を意味する単語である。つまり、ミラは自分が「シングル女性」であると名乗ったのである。

南アジアの小国ネパールにおいて、「エッカル（シングル）」という言葉が聞かれるようになったのは一九九〇年代後半のことである。今でも、一般には「エッカルマヒラ（シングル女性）」という言葉を知らない人は少なくない。それではミラの言う「シングル女性」とは誰のことなのだろうか。そして、「エッカル（シングル）」という言葉が少し尊敬された意味を持っているとはどのようなことなのだろうか。この「エッカル」という言葉を手がかりに、ネパール社会における「シングル」について考えてみたい。

なお、「ビドワ」には侮蔑の意味が込められていることから、ビドワを訳す際には寡婦ではなく「未亡人」

と訳し、エッカルマヒアを「シングル女性」と訳した。そして、単に夫の死亡した女性の状態を指す際には、「寡婦」の単語を用いている。

1 「シングル」とは誰のこと?

シングルと言えば、結婚していない、離婚した、死別した人たちを思い浮かべるが、ネパールで「シングル」と名乗る人たちの事情は少し異なるようである。

ネパールでシングルと言う言葉を使い始めたのは、寡婦の女性たちであるといっても過言ではない。寡婦団体であるＷＨＲ（Women for Human Rights：一九九四年にカトマンズで設立された寡婦による人権運動を展開するＮＧＯ団体）は、寡婦をシングル女性として定義し、ビドワという言葉の代わりにエッカルマヒラ（シングル女性）という単語を使うことを国に求め制度化した。

ＷＨＲによれば、シングル女性として、「夫を亡くした女性、夫と離婚したり別居している女性、夫が行方不明の女性、未婚の三五歳以上の女性」を掲げているが、実際にシングルと名乗っている女性たちは、夫を亡くした女性たちである（WHR 2005）。シングルと名乗る女性たちは、「結婚していない人も離婚した人もエッカルではあるが、我々の使っているエッカルとは、あくまでも夫を亡くした女性たちである」と述べる。それゆえ、エッカルマヒラグループには、夫を亡くした女性以外は正会員として入会することはできない。

では、当の未婚や離婚女性たちそして男性は、シングルとは呼ばないし、名乗りもしないのだろうか。

2　未婚女性の場合

未婚の女性はシングルとは自称しない。ネパールでは、女性の一人暮らしは一般的ではなく、女性は婚出する以外は、学業や仕事の都合で生家を離れることを除き、生家で暮らすことが一般的である。ベネットが「聖なる姉妹」と表象するように（Bennett 1983）、パルバテヒンズー社会の場合、生家の中で女性は娘として姉妹として、聖なる存在として遇される（パルバテヒンズーとは、バフン［ブラーマンのネパール語化した名称］、チェットリ［クシャトリアのネパール語化した名称］、ダリット等の職能カーストを含むネパール語を母語とする人々で、ネパール国の多数派を形成する社会）。

例えば、毎年九月～一〇月に行われる最大の祭りダサインの際には、年長者からダチナというお年玉をもらう習慣がある。その際には、女性たちの年齢に拘わらず、両親や叔父や叔母たちが、彼女の足にドグネ（額を娘たちの足の甲につけて傅《かしず》き、最高の敬意を払うお辞儀）をしてから、祝福のティカ（額につける祝福の印）をつけて、お小遣いを渡す。また、その約一か月後に行われるティハール祭には「バイティカ」と呼ばれる日があり、聖なる姉妹から男兄弟たちが祝福を受けてティカをつけてもらい、そのお礼に姉妹に贈り物をする習慣がある。

既婚女性の中には、毎朝、自分の娘にドグネをする女性も少なくない。私が住んでいた家（継続的に私が調査を実施しているカトマンズ近郊農村のB村のパルバテヒンズーの家）でも、現在も家人に知られないように、若奥さんが娘の足に傅いているらしく、彼女の一〇歳になる娘がそっと教えてくれた。娘は、生家の人たちにとっては、いくつになっても聖なる存在として扱われる。特に未婚の女性は、純潔な処女である女神クマリなのである（クマリとは、若い未婚の女性を示す言葉［特に月経前の処女の娘を指す］であり、かつヒンズーの女神の一人でもある）。二五歳になる未婚の女性シャンティが、ダサイン祭の際に、両親や叔父叔母や義姉から、ドグネを受けてお小遣いをもらい、はにかみながら幸せそうな笑顔を浮かべていたことがあった。彼女は、自分が生家で大切にされていることに幸せを感じていたそうである。

年齢が上がるに連れ、クマリとして遇される状況は異なってくるが、かといって、婚家にいるような扱いを受けることは無い。未婚の場合、両親が亡くなっていたとしても、兄弟の家族と共に暮らし、兄弟の嫁や子どもたちからは、「ディディ（お姉さん）」と呼ばれて、一家の一員として一生過ごす。近代民法によって兄弟姉妹均分相続が明文化される前から、息子のみならず未婚の娘たちも両親の財産を相続をする習慣があり、相続財産を持つという経済的裏付けも、彼女たちの処遇に関係しているのだろう。

つまり、未婚の女性は、一生、兄弟や兄弟の家族に囲まれて、姉として叔母として暮らすゆえに、シングルと呼ぶべき状況にはならないし、彼女たちもまたシングルと名乗らないのである。

3　離婚女性の場合

では、離婚女性はどのような状況にあるのだろうか。離婚女性の場合は、未婚女性とは異なり、離婚女性であるかをその外見から判断することが難しい。なぜなら、外見上は、既婚女性が身につけるポテ（結婚している女性が身につけるビーズの首飾り）やシンドゥール（朱粉）や腕輪を付けているからである。確かに、別れているとはいえ、別れた夫が生存しているのであれば、既に婚姻していることを示す印をつけていてもおかしな話しではない。

ネパール社会において、「別れる」という状況もまた複雑である。近代法における結婚の場合、「ビハダルタ」と呼ばれる結婚届を役所に届けて婚姻が成立する訳だが、婚姻届を出しているカップルの方が少ないのが現状である。多くの場合、結婚の儀礼を行い、同居し始めることで、そのカップルが結婚したことを周囲の人々が認めるのである。つまり、結婚届出をしていない場合、周囲の人の証言が得られない限り、結婚しているとは認められない。離婚の場合は、もっと複雑で、離婚をするためには、裁判所に訴えて認められねばならず、そのための労力も費用もかかることになる。それゆえ、多くの場合、「離婚」をするのではなく、別居だけで済ますことになる。

更に事情を複雑なものにしているのが、離婚の合意がないまま、どちらかが逃げてしまうことである。始めは「逃げた」ことに気づかず、夫を捜し回り、数年、待ち続けたあげく、何の頼りもなく、「逃げた」ことに気がつくものである（幅崎　二〇〇九）。このケースは、恋愛の末に二人だけで結婚の誓いをして一緒に暮らし始める場合が多く、離婚の場合も、夫と離婚について話し合っている訳ではないため、一時的に別れて暮らしているのか、離婚しているかを判断することは当人にとっても難しいようである。

また離婚は女性側の生家にとって、不名誉な事柄である。両親が決めた相手と離婚した後に、特に男性が暴力を振るう等の理由がなければ、生家に戻ることは難しく、戻ったとしても、一度結婚している場合、兄弟の嫁たちとうまく行くとは限らず、仲違いの末に、子どもを連れて離れて暮らすことも少なくない。

例え離婚している場合でも、夫のいることを示すポテをつけて赤いサリーを着ているので、誰が夫と別れている女性なのかはわからない。そのような女性は、案外、少なからず周囲にいるようだ。

近所の家に毎週二回メイドの仕事をしに来ていた四〇歳代の女性シータもその一人であった。彼女も赤いコットンのサリーを着て仕事に来ている。夫はドライバーで、子どもが二人いる。複数の家のメイド仕事を掛け持ちしており、毎朝別の家で二時間皿洗いをした後に、ここへ来るらしい。子どもが学校に行っていること、家はドラカ郡（カトマンズから凡そ一〇〇㎞東、バスで七~八時間の農村部）にあることなど、顔を合わせた時には、他愛のない話しを交わしていたのだが、その彼女が、実は夫がいないということを大家から聞いたのは、彼女と出会って一年以上経った頃のことである。大家が言うには、夫は女性を作って出て行ったそうである。

シータのように、夫と別れた女性が、特に都市には多数いるようだが、彼女たちは、自分たちをシングルであるとは語らない。むしろ、対外的には夫のいる女性として暮らしているのである。

4　男性の場合

では、男性シングルの場合はどのような生活を送るのだろうか。男性の場合は、未婚でも既婚でも、何歳になっても生まれ育った家族と共に暮らし続けることに変わりはない。彼らは両親の土地や家屋を相続し、生まれ育った場所で兄弟や兄弟の息子の家族と共に暮らし続ける。

同居していた兄弟家族が世帯分裂する最大の理由は、嫁どうしの仲がうまく行かなることだが、独身男性の場合、兄弟の嫁と喧嘩をする姿はほとんど見られない。弟の嫁にとって、義兄は舅同様に敬意を払って接しなくてはならない相手であり、直接、会話をすることはほとんど無い。また、兄嫁にとって、婚家の男性の中で義理の弟は唯一気軽に接することのできる存在である。

義弟と同居する女性パビットラは、「デワル（義理の弟）は、ナンダ（義理の妹）よりも楽よ。男だから、何も気にしなくて良いじゃない。ナンダは、私が外出すると、どこへ行くのか誰と行くのか尋ねてきたり、新しい服を着ているると、いつ買ったとかどこで買ったなどと聞いてくるので、ナンダの分も買ってこなくてはならないけれど、デワルは服装だって気にしないじゃない。お小遣いをあげておけばいいのだから、デワルの方が付き合いやすいわ。夫よりも楽よ。デワルは私の味方になってくれるしね」と語る。

シングルの男性は、兄弟の家族の中では、弟嫁からは敬意を払うべき義兄、兄嫁からは親しみやすい義弟、兄弟の子どもたちからは「上のお父さん」「下のお父さん」と呼ばれる存在であり、生涯、兄弟の家族と共に暮らすことができるのである。私が住んでいた近所の家にも独身を貫いているある七〇歳代の男性は、弟の息子の家族と同居し、食事や身の回りの世話は、全て甥の嫁が行い、弟が亡くなった後も弟家族と同居し、不自由なく暮らしている。

そのうえ、男性の場合、いくつになっても結婚できると考えられている。女性の場合は、「三五歳を過ぎたら相手は見つからない」と言われており、例え見つかったとしても、相手には子どもがいる等の「悪い条件」の相手しか見つからないらしい。しかし男性の場合、いくつになっても結婚は可能であり、配偶者と離婚や死別した場合には、周囲も再婚相手を探し始める。それゆえ男性もまた、未婚であっても、配偶者と離婚や死別した場合であっても、シングルとは名乗らないのである。

5　「シングル」と名乗り始める女性とは

このように、ネパールにおいて、未婚者や離婚者はシングルとは呼ばないし、男性もまた、シングルとは名乗らない。つまり、ネパール社会においてシングルと名乗りをあげているのは、夫と死別した女性だけなのである。それでは寡婦は、なぜシングルと名乗り始めたのだろうか。

ネパール語を母語とするパルバテヒンズー社会は、その名の通り、ヒンズー教を信仰する社会であり、ネパールの人口の約四五%を占める人々である。ヒンドゥー社会に生きる女性たちの生活としてこれまで一般的に、厳格な家父長制の中で暮らしている姿が描写されてきた。女性たちは、両親の決めた同じ

寡婦団体WHRが作成した小冊子の表紙のイラストには寡婦と夫のいる女性との違いが具体的に表現されている。右側の女性は赤、左側の寡婦は白の服を着ている。

カーストに属する男性と結婚して婚家へ嫁ぎ、婚家では舅と姑と共に暮らし、朝は誰よりも早く起床して水浴をし、起きるとすぐに夫の足もとに傅き、家の神々に祈りを捧げ、家の隅々まで掃除をし、食事の支度をする。食べるのは一番最後に残りものを食べ、家族全員の皿を洗い、昼間は農作業、夜も床に入るまで働きずくめ等々、まるで使用人のような生活をする嫁の姿が描かれてきた。幼い頃より、父親や兄の言うことには口答えをしないで従うことが美徳とされ、婚家に行ってからも「夫は神様」と教えられ、家族の教えに従いながら暮らすことが美徳されているヒンドゥー女性たち。私が調査をした首都カトマンズ近郊のB村のパルバテヒンズーの女性たちも、まさにこの教えを体現しており、娘たちは、学校と家との往復で、外出先は村の中か親族の家だけで、どこに行くにも、何をするにも、父親や兄の許可と助言を求めていた。厳しい家父長制のもとで暮らす女性たちの生活に興味があり、私はヒンズー社会の調査を開始したのだが、何をするにも夫、父、息子や甥に相談をする姿を見かけては、予想していたとはいえ、あまりの私の生活との違いに驚いたものである。

6　パルバテヒンズー社会の「寡婦」

パルバテヒンズー社会では、配偶者と死別した女性を「ビドワ」と呼び、より蔑みの意味を込めて「ラディ」と呼ぶこともある。男性は「ビドゥール」もしくは「ラドゥ」と呼ばれる。配偶者と死別した人を区別するのみならず、その属性を持つ人々には、厳格な行動規範を課してきた。しかし、それは、男女ともに課せられたわけではなく、専ら女性にのみ課せられた規範である。

一方、男性が妻に先立たれた場合は、ビドゥールやラドゥという単語があるものの、その単語を耳にすることはほとんど無く、多くの男性は、すぐに再婚するという。つまり、寡夫である期間がほとんど無いのである。

パルバテヒンズー社会において、誰が夫を亡くした女性であるかを見分けることは容易い。近年、カトマンズでは、既婚女性もジーンズにTシャツで街を歩いたり、黄色やオレンジ色の軽やかなサリーを着る等、

多様な色の装いを楽しむようになりつつあるが、農村部では依然として既婚女性は専ら赤いサリーを着用している。特に日常着として着るコットンのサリーは赤一色である。そのような女性たちの中、夫を亡くした女性たちは、夫の死後一年間は、真っ白なサリーやクルタスルワール（主に未婚女性が身につける衣装で、ワンピースのような上着にズボンを着て、ショールを掛ける）を身につけて日常生活を送っている。髪はゴムでまとめられているだけで、装飾品を全く付けていない。一年が過ぎてからも、赤いサリーを纏うことはなく、青や緑色のサリーを着て過ごしている。その姿ゆえに、夫を亡くした女性であることを、誰もが知ってしまうのである。

身体装飾のみならず、夫を亡くした女性たちには、日々の行動においても厳格な規範が要求される。口にする食べ物は清浄なものでなくてはならず、夫が亡くなってからは、生涯を通じてニンニクやトマトを清浄ではない食物との理由から食べない女性もいる。

外出をすることもままならない。寡婦が町を歩いていると、「男を探して歩いている」と陰口を言われるため、家のなかでひっそりと暮らしている。結婚式や成人式等のハレの儀礼には、夫の死後一年は、例え娘の結婚式でも出席することができない。

時には寡婦ゆえに、様々な中傷の的になることもある。夫の死を引き起こした元凶とみなされ、夫の親や兄弟から、「お前が、息子を食い殺した」という非難の声を浴びせられる。社会においても、「売春婦」と呼ばれ、非難される。結婚式の日や旅立ちの日に寡婦の姿を見つけると、運が逃げていくと言われ、「あっちへ行け」と追い払われることもある。

夫が死亡した女性は、様々な禁忌が課せられるのみならず、寡婦は家庭内暴力の対象となることがある。ボクシ（邪術師）として社会から糾弾されるのは寡婦であることが多く、村社会では、寡婦は不吉な存在として認識されている。

このような考えは、近年では表面化することは少なくなったものの、依然として人々の共通の認識として残っている。「お前、なんでこんなところにいるんだ。色々なことが失敗してしまう」と言われ嫌な顔をされた経験や、ハレの儀礼があっても、寡婦ゆえに声をかけられなかった経験を持つ女性は少なくない。

「シングル女性グループのティージ祭、楽しいカリキュラム」と書かれた旗の前で踊るシングル女性たち

7　ビドワに付されたイメージを一掃するための「シングル」

しかし、近年こうした状況を変化させようと立ち上がった女性たちがいる。それが、エッカル（シングル）を自称する女性たちである。ビドワ（未亡人）に込められた寡婦への規範や認識を一掃するために、エッカル（シングル）と自称し始めたのである。

「夫亡き後の女性は、陰口をささやかれたり、あっちへ行けと言われたり、それまでとは全く異なる扱いを受ける。」

これは、シングルと名乗る女性たちが語る言葉である。「ネパール社会、特に私たちのパルバティア社会（パルバテヒンズー社会を指す）では、エッカルマヒラは抑圧されたり、蔑まれる等、みんな大変な生活をしている。」

その最大の理由が「ビドワ」と呼ばれることであり、ビドワゆえに、蔑まれるというのである。それゆえ彼女たちは、自分たちをシングルと語ることにより、「ビドワ」に絡みついた寡婦を蔑む社会の見方を一掃しようとしているのだ。そして、「私たちの母たちの時代や我々のような扱いを受けないために、人権を守るために（寡婦グループがティージ祭で即興で作った歌詞）」、シングルを名乗る。今や「シングル」とは、自分たちの権利を守ろうとする合言葉なのだ。

8　「シングル」と名乗ることで寡婦に付されたイメージをぬぐい去れたか

シングルと自称する人、自称しない人、そこから、ネパール社会における「シングル」を考察してみた。シングルと自称する女性たちは、「ビドワという言葉を聞くと心が痛む」「絶望的な気持ちになる」「蔑んで見られているような気がする」「下に突き落とされる感じ」がし、気落ちしてしまうが、シングルという言葉は「礼儀正しい言葉だ」と語る。シングルは「自分自身で責任を負わなくてはならないことを感じさせる言葉」であり、だからこそシングルを自称すると述べる。

ではシングルと自称することで、寡婦に付されたイメージがぬぐい去れたのであろうか。エッカルマヒラ運動を展開し始めたＮＧＯは、寡婦に課された社会的な抑圧がシングルと呼ぶことで回避されると考えている。

しかし一般の人々の中には、「ビドワをエッカルと言ったって、言葉が変わるだけで、エッカルとして区別するのであれば、事態は何も変わらない」と、彼女たちの運動を揶揄する声も聞かれる。シングルと名乗ることで、一朝一夕に、寡婦に付されたイメージをぬぐい去ることはできないだろう。だからこそ、彼女たちは敢えて自分たちをシングルと言い続けねばならないのだ。

彼女たちにとって、「シングル」とは、「ビドワ」とそこに纏わる習慣から脱却するための、社会との交渉するための言葉であり、自分自身を奮い立たせるための言葉なのである。現在、ネパールでは、シングルと名乗る女性たちが少しずつ増えつつある。「ビドワ」に纏わる差別が無くなった時、彼女たちの述べる「シングル」の役目は終えるのかもしれない。

［参考文献］

WHR 2062 (2005) *Ekal Mahila Sablikaran:Kanuni Pustika*

Bennett, Lynn., 1983, *Dangerous Wives and Sacred Sisters*, New York: Columbia University Press.

幅崎麻紀子　二〇〇九「「暴力」から「ＤＶ」へ　～ネパール社会におけるＤＶ概念のローカル化～」『北海道大学文学研究科研究論集』第八号：一〇五－一二三頁。

「充ち足りた女」の出現？

現代日本のシングル女性

妙木 忍
Myoki Shinobu

1　ひとりの時間を楽しむ女性たち

二〇〇〇年代に入って、「負け犬」や「おひとりさま」という語が注目を浴びたことは私たちの記憶にあたらしい。これらの語には肯定的な意味が込められており、これらの語の登場は、これまで逸脱的とされた女性の生き方が肯定的に提案される時代の到来を示しているように思う。

エッセイストの酒井順子は『負け犬の遠吠え』（二〇〇三）のなかで、「未婚、子ナシ、三十代以上の女性」を「負け犬」と名付け、「負け犬発生の原因」「負け犬の特徴」などをユーモラスに描き、「負け犬の処世術」を提唱した。ここにあるのは、逆説的な自己肯定である。結婚に価値を置く社会通念の存在を照らし出し、暗に批判してもいる。そのような評価軸には与せず、のびのびと生きる生活満足度の高い女性たちの出現を読み取ることができる。

そして「おひとりさま」。これはもともと、ジャーナリストの故・岩下久美子が『おひとりさま』

（二〇〇二）のなかで、「『個』の確立ができている大人の女性」と定義した語である。そこでは、既婚・未婚にかかわらず、ひとりの時間を楽しむ女性が想定されていた。「おひとりさま向上委員会」も、一九九九年二月にすでに、岩下によって設立されていた。

二〇〇三年以降の「負け犬」論の流行とともに、「おひとりさま」という語は、あらたに脚光をあびる。たとえば、「おひとりさまが元気だ」「都会で急増、ひとりを楽しむ30代女性」（『朝日新聞』二〇〇四年九月一八日朝刊）という見出しの記事は、「負け犬」という語にも触れつつ、「おひとりさま」に注目している。「おひとりさま」は「必ずしも未婚の女性とは限りません」という「おひとりさま向上委員会」代表・葉石かおりの説明や、「自分らしさを大切にしたい『おひとりさま的』シングル女性」の特徴を列挙しつつも、「おひとりさま」を、「都会のシングルライフを前向きにエンジョイする女性たち」とシングルをキーワードに含めて位置付けている（傍点引用者、『朝日新聞』二〇〇四年九月一八日朝刊）。「負け犬」論で未婚女性が注目されて以来、「おひとりさま」には、自分らしさを大切にするシングル女性というあらたな意味も、付け加えられたようにみえる。加えて、若い年代だけではなく幅広い年代にもこの語は適用されるようになって定着した。上野千鶴子の『おひとりさまの老後』（二〇〇七）はその流れを生んだ。「おひとりさま」には、未婚シングル女性も、シングルのまま年齢を重ねる女性も、離別や死別でシングルになる女性も、含まれる。

自分らしさを大切にする女性たちが話題になる時代に入った。日本の女性たちは、後で紹介するように、これまでにも人生の選択についてさまざまな議論を重ねてきた。だがこれほどまで前向きにシング

ルであることが語られるようになったのは、まれなことである。このような二〇〇〇年代のあらたな傾向は、とても興味深く、詳しく見ていく価値がありそうだ。

2　話題になる女性のライフコース選択

すでに気付いたように、「負け犬」も「おひとりさま」も、女性であることが前提になっている。男性の場合は、たとえば、「オスの負け犬」（酒井　二〇〇三：八）や「負けるな！　おひとりクン！」（『週刊プレイボーイ』二〇〇四年一二月一四日号）というような、しるしつきの差異化した表現が求められる。

女性の人生の選択はしばしば話題になりやすい。二〇〇〇年代の「負け犬」をめぐる議論では既婚か未婚かがおおきなテーマになったが、それを含め、いくつかの分岐がある。「結婚するかしないか」「子どもを産むか産まないか」「仕事を続けるか続けないか」「専業主婦になるかならないか」などのライフコース選択は、多くの女性が人生のなかで一度は悩んだことがあるのではないかと思う。ライフコースとは、結婚、出産、就業・非就業のようなライフイベント（人生上の出来事）によって引き起こされるライフステージ（人生上の段階）の、組み合わせのパターンのことである。このようなライフコース選択は、多くの女性にとっての重要な問いで、おおきな関心事である。そこに何らかの共通点があるとすれば、それは、仕事と家庭のあいだで揺れ動いてきた女性たちのすがたと重なり合う。

女性にとってのみライフコース選択が話題になりやすいのはなぜか。それは、日本の女性の歴史をふりかえるとき、女性のライフコース選択のあり方は、男性のそれとは異なる変化を経験してきたといえるからだ。それについて、日本の社会史的変化を見ておこう。

日本の女性は、戦後、変化を経験した。女性のライフコース選択において指標の一つになってきた「主婦」については、とくにおおきな変化があった。ここでは「主婦」を、有業・無業を問わず、「家庭責任を負う既婚女性」と定義したい。ただし両者を区別するために、有業の場合は「働く主婦」、無業の場合はそのまま主婦と呼ぶか、（一九七〇年代以後に生まれた表現として）専業主婦と呼ぶことにしよう。

ふりかえれば、一九五〇年代から一九七〇年代初頭にかけての高度成長期に、産業構造の転換、農業人口の減少、都市への人口流入、サラリーマンの急増、日本型雇用慣行（年功序列賃金制や終身雇用制）の普及と定着がみられ、この期間に、女子労働力率は低下した。サラリーマンの増加とともに、主婦は増加した。

家庭と職場の分離と、性別による役割固定が、その背景にはある。つまり、「男は仕事、女は家庭」というサラリーマンと専業主婦の組み合わせが、みられるようになったのである。このような女性の主婦化という特徴を含む、構造が安定した時期を指して、社会学者の落合恵美子は「家族の戦後体制」と呼んでいる（落合［一九九四］一九九七：七九）。

その後、女子労働力率が四六・一％と最低の数値を示した後、上昇傾向に転じた一九七五年、専業主婦世帯が共働き世帯を下回った（有配偶女子の労働力人口比率が五一・三％と過半数を突破した）一九八三年（総理府編　一九九六：七〇、総務庁統計局編　一九八九：九七）という二つの転換点を経

て、女性のライフコースは多様化したようにもみえる。

このように、女性のライフコースは、時代ごとに変化にさらされてきた。とくに主婦をめぐっては、女性の主婦化が強まった時代と、弱まった時代とがある。たった半世紀強のあいだに、おおきな変化を女性たちは経験してきた、ということができるだろう。

現代は、このような歴史の流れの延長線上に位置付けられる。女性のライフコースがしばしば話題になる理由は、こうした変化に関係がありそうだ。

3　女性同士の比較が生まれるとき

このような変化が起きるたびに、女性の置かれた環境は変化する。それに歩調を合わせるかのように、かたちをかえながら、日本の女性はライフコース選択をめぐって議論を深めてきた。異なるライフコースを選んだ女性たちのあいだには、葛藤が生まれることがある。たとえば、専業主婦になった女性とならなかった女性のあいだに、出産した女性とそうではない女性のあいだに、フルタイムで働く女性とそうではない女性のあいだに。女性たちは、ライフコース選択をめぐって、自分のなかで悩むだけではなく、女性と女性のあいだでも互いを比較してきたし、場合によっては、対立もしてきたのである。

こういった比較が生まれる根底には、仕事と家庭のあいだで揺れ動くことを余儀なくされてきた女性たちの共通点がある。それが共通の基盤となって、そのもとでの類似や差異が女性同士の比較をもたらしている。女性同士の比較は、男性や社会にも関わる問題であるにもかかわらず、論争の場に登場するのはもっぱら女性である。このような社会の構造を念頭に置きながら、以下では、歴史的に継起した複数の論争群に注目したい。

それは、「主婦論争」である。「主婦論争」とは、戦後に起きた主婦をめぐる論争のことであり、上野千鶴子が『主婦論争を読む　Ⅰ／Ⅱ　全記録』（一九八二）において、一九五〇年代から一九七〇年代にかけての三次にわたる論争を通して名付けたものである。

一九五五年から五九年にかけて、主婦の職場進出の是非が争点となって論争が起きた。これが第一次主婦論争である。一九六〇年から六一年にかけて、主婦のおこなう家事労働が経済的価値を生まないのはなぜかという問いが生まれ、経済学者らとのあいだで論争が起きた。これが第二次主婦論争である。一九七二年には、主婦の立場を礼賛する意見と、それを批判する意見が登場し、対立が起きた。これが第三次主婦論争である。

これらの論争は、女性の主婦化が進むなかで生まれ、同時に、既婚女性が雇用労働者として働き始めた動きとも重なりながら成立した。つまり、主婦でありながら働く、ということを背景として主婦論争は生まれたのである。

その後、女性のライフコースが多様化したといわれる一九八〇年代以降も、実は主婦をめぐる論争はなくなっていない。一九八七年から八八年にかけて、歌手のアグネス・チャンが楽屋に子連れ出勤したことを芸能界の大御所・淡谷のり子が批判したことがきっかけとなって、アグネス論争が起きた。これ

	第一次	第二次	第三次	第四次	第五次	第六次
論争の時期	1955-1959	1960-1961	1972	1987-1988	1998-2002	2003-2005
テーマ	主婦の職場進出の是非	家事労働の経済的評価	主婦の立場の正統性	子連れ出勤の是非	専業主婦批判と擁護	「負け犬」の処世術提唱

表１　日本の主婦論争

は、働く母親の増加を背景として、仕事と育児の両立問題が浮き彫りになった「働く主婦」論争である。一九九八年から二〇〇二年にかけては、主婦の役割の評価をめぐって対立が起きた。『くたばれ！　専業主婦』（一九九九）などを著した石原里紗と、『主婦の復権』（一九九八）などを著した林道義は対立関係をなした。二〇〇三年から〇五年にかけては、結婚しているか否かで女性を「勝ち犬」と「負け犬」に区分した酒井順子の『負け犬の遠吠え』（二〇〇三）が「負け犬」論争を生み出した。

女性たちはこのように、戦後を通じて十年に一度、少なくとも計六回、ライフコース選択をめぐって論争を残してきた。一九八〇年代以後の三つの論争群を、私は、第四次・第五次・第六次の主婦論争と名付けたい（妙木忍 二〇〇九）。これらの論争群を、時代のおおきな流れのなかでひとつながりの主婦論争として比較検討することを通じて、興味深い発見が得られる。

要点を先取りすれば、これらの論争をとおして女性たちは、二つの変化を経験している。その二つ目の変化が二〇〇〇年代のあらたな傾向を生み出したと私は考えている。以下では二つの変化を取り上げつつ、現代日本のシングル女性にまで、視点をつなげてみたい。

4　比較の範囲の変化

これらの論争群を一本の糸で結んでみると、女性同士の比較が生まれる範囲はある時期から変化している。第一次から第三次にかけての主婦論争では、既婚女性が論争の主役だった。この時代は、ほとんどの女性が結婚していった時代であり、それはたとえば、論争当時における女性の生涯未婚率（五〇歳時の未婚率）の低さ――一九五五年一・四八％、一九六〇年一・八九％、一九六五年二・五四％、一九七〇年三・三九％（内閣府編　二〇〇一：三六、出所は総務省「国勢調査」）――も参考になる。このような時代には、未婚女性もやがては既婚女性になるという前提で、結婚後のありかたが議論されたのではないかと思う。しかもこの時代は、女性の主婦化が進行し、一方で主婦の労働者化の兆しも見られ始めた時代である。その時代にこそ、主婦が働くか働かないかが、肯定的であれ否定的であれ、論争の対象となりえたのである。

ところが、第四次主婦論争以降は、未婚女性も論争の範囲に含まれるようになった。第四次主婦論争でアグネスの子連れ出勤を批判した主要な論者には未婚女性もいたし、第五次主婦論争の石原里紗――当時、結婚と出産を経てバツイチのシングルであった――は、他人（働く主婦や未婚・非婚女性）の人生に口を出す専業主婦を批判した。第六次主婦論争では、「勝ち犬」すなわち「普通に結婚して子供を産んでいる人達」（酒井　二〇〇三：八）と「負け犬」を対比させ、しかも「負け犬」が主人公となる展開で、未婚女性が論争の主役となった。

第一次・第二次・第三次主婦論争が既婚女性を主役とし、第四次・第五次・第六次主婦論争が未婚女性を論争の領域に組み込んでいったことは、実は不思議なことではない。それは、先に述べた、日本の社会史的背景とあゆみをともにしている。つまり、女性の主婦化が進行した時代とそれが逆の方向に転換した時代とに、歴史的には対応しているのである。主婦になることが「あたりまえ」とされた時代から、主婦になることが選択肢の一つに過ぎなくなった時代への転換を、私たちは統計の変化と論争の変化に、ともにみてとることができる。

5 女性同士の争点の変化

このような、論争における比較の範囲の拡大を、第一の変化としよう。この第一の変化は、二〇〇〇年代の女性を考える上で基礎となる情報ではあるが、もう少し時代を進めて、第二の変化を考察してみたいと思う。それは、論争の争点の変化である。第一次主婦論争から第五次主婦論争にかけては、「主婦役割」(ときに「母親役割」)といった「性役割」(gender role)が、論争の前提や争点になっていた。主婦(や母親)としての役割を果たすことが前提とされ、それをいかに果たすかで女性同士が争ったのである。このような争点のあり方は、女性のライフコースが多様化したとされる一九八〇年代以降もしばらくは続いた。

だが不思議なことに、第六次主婦論争(「負け犬」論争)の直前で、このような争点はみられなくなった。これが第二の変化である。性役割のあり方が問われない代わりに、何が問われたかというと、結婚しているか、出産しているか、などのライフコースに関する規範であった。女性から女性に対して「こうするべきだ」という規範の強制は、性役割規範からライフコース規範へと移行した、といえるだろう。論争が起きるときには、二つの規範のうち片方が選択されていた。性役割規範かライフコース規範か。つまり、主婦の役割に関する規範か、主婦という属性（とくに既婚というステイタス）に関する規範か。主婦をめぐって同一視されていた二つの規範が実は別々のものであったこと、しかも両者が分離を果たしたことを、この第六次主婦論争にみてとることができる。

「負け犬」論争期に初めて、性役割（主婦役割や母親役割）より、結婚・出産などのライフイベント（ライフコースを分節化する節目となる人生上の出来事）が優位に立ったのには、当時の結婚をめぐる変化が関係しているだろう。それはたとえば、晩婚化・非婚化の進行である。「負け犬」論争の直前、二〇〇〇年の段階で未婚者の割合（女性）は、二五歳〜二九歳で五四・〇％、三〇〜三四歳で二六・六％、三五〜三九歳で一三・八％であり（独立行政法人国立女性教育会館編　二〇〇六：一三）、それぞれ、過去に比べて上昇してきていた。

結婚することが「あたりまえ」とされた時代には、結婚した後の性役割をめぐって、女性たちは争った（第五次主婦論争期はそのゆらぎの過渡期だった）。こう考えるなら、晩婚化・非婚化がすでに進行していた「負け犬」論争期に結婚後の性役割が問われなくなったのは、当然のなりゆきだった、といえるかもしれない。性役割規範をめぐって女性同士が争った長い時代の終焉を、私は第五次主婦論争に読

み取ることにしたい。

6　生活満足度の高い女性たちの出現

さて、このように考えるなら、第一次から第五次の主婦論争にいたる長い時代を経て、二〇〇〇年代に入ったということができる。まとめると、戦後、日本の女性は二つの変化を経験してきた。主婦になることが「あたりまえ」とされた時代の終焉（第三次と第四次のあいだ――一九七〇年代半ば）と、結婚することが「あたりまえ」とされた時代の終焉（第五次と第六次のあいだ――二〇〇〇年代初頭）である。

結婚することさえも一つの選択肢に過ぎなくなった時代の「負け犬」論争は、それ以前の論争とは異なり、ユーモアに満ちている。しかも、「負け犬」論争は、争いにはならなかった。その理由は第一に、酒井が「負け」言説を活用することによって、「勝ち犬」の自己肯定を導き出す効果を持ったからである。第二に、未婚女性が「負け」を宣言することによって「勝ち犬」たちも悩みを告白し始め、「負け」自慢合戦になったからである。つまり、「負け犬」は「負け犬」なりの肩身の狭さを述べ、「勝ち犬」は「勝ち犬」なりの苦労を述べ、いずれにしても困難があるということをお互いに分かち合おうとする、本源的な問いに近づいたのである。第三に、自分に満足している「負け犬」は「勝ち犬」を比較の対象に選ばないし、選ぶ理由もないからである。このような状況下では、比較や対立は起きにくい。

「負け犬」論争は、論争者の不在が特徴である。ここには、メディアが作り出す女性同士の対立のフレーミングに比べて、当事者たちは実は争っていないという落差がある。メディアが女性同士の対立軸を意図的に虚構したのである。

しばしば指摘されてきたように、「負け犬」論争には経済力のあるキャリア未婚女性と無職の既婚女性の対比が組み込まれている。また、そのことにふれた上で、「日本において、未だかつて女たちが、これほど豊かに楽しく生きてきた時があったろうか」、（『負け犬の遠吠え』には）「充ち足りた女の明るさとユーモアが溢れている」と述べた林真理子（二〇〇六：三四六—三四七）の解説は、的を射ている。生活満足度の高い非婚女性たちの出現が、「負け犬」論争にはたしかに読み取れる。結婚から自由に生きる女性たちの出現は、二〇〇〇年代の特筆すべき特徴といえる。だが経済力の低い未婚女性「負け負け犬」の声がこの論争にあまり登場しないことには注意する必要がある。けれども、たしかに、結婚することがあたりまえでなくなった時代には、結婚後の性役割など、論点にはもはやならないだろう。そして、結婚することがあたりまえではなくなったからこそ、「婚活」のように、結婚するかどうかがますます話題になりうるのだ。

「負け犬」論争で性役割が問われなくなった理由について社会学者の加藤秀一は、拙著への書評で、「女たちはもはや結婚や男たちに何も期待しなくなったのである」（加藤『日本経済新聞』二〇〇九年一一月二九日朝刊）、「女性たちはすでに、性役割を解消するという野望をほとんど諦めたのである」（加藤二〇一〇：九九—一〇〇）と明快に述べた。

加藤は、日本の既婚男性の家事時間の少なさを指摘し、この変化のなさに、女性たちが「もうそれを論じても仕方がないと嘆息することは自然」であるとし、しかしだからといって、女性たちは性役割を受け入れたのではなく、逆に「結婚という選択肢をえらぶかぎり性役割からは逃れられないことが骨身に染みた女性たちは、議論ではなく行動――少子化・非婚化――によって、それを拒絶することにした」（加藤　二〇一〇：一〇〇）という。

この説明には、説得力がある。これは、「負け犬」論争で主役とされた経済力が高い未婚女性「勝ち負け犬」だけではなく、もしかすると、経済力の高くない未婚女性「負け負け犬」にも当てはまるのではないかと思う。「負け犬」論争の流行には、「充ち足りた女」の出現だけでは説明できない何かがある。加藤が述べるように、結婚しないことを通じて男性に期待しない女性たちの無言の抵抗も、そこにはあるかもしれない。

7　結婚そのものが話題になる時代を迎えて

すでにみてきたように、戦後の日本は、主婦になることが「あたりまえ」の時代を通過して、主婦になることが一つの選択肢に過ぎなくなった時代と、結婚することが一つの選択肢に過ぎなくなった時代を、あいついで経験している。主婦をめぐる論争の論点が、「負け犬」論争において、結婚後の性役割から脱したことは、画期的なことだといえる。このような流れのなかであらためてこんにちを見ると、未婚であることが争点になるのは、結婚が自明性を失った、ということの反映でもある。それゆえに、「負け犬」や「おひとりさま」という語も、時代の流れのなかで生まれ、ひろく受け入れられてきたのだと思う。自分らしさを大切にするシングル女性の出現として、この二つの語は後世に残るはずだ。

一方、結婚が争点になるということは、既婚を上位とする社会通念がいまだに残っているということを示してもいる。それは、結婚を選んだ女性と選ばなかった女性のあいだに、分断を持ち込むだろう。しかしそのような基準に価値を置かない女性たちも現れており、社会通念も時代ごとに変化していくだろう。

現代日本でシングル女性であるということは、その生きがたさと生きやすさを両方引き受けつつ生きることを意味する。それでも、私たちが生きる時代の社会通念や規範を知ること、それらを相対化すること、今がどのような時代であるのかを知ることはできる。その上で自分らしく選択を重ねていくことも、可能だ。

社会は時代とともに移り変わる。戦後の日本の歴史をふりかえるとき、シングルが前向きに話題になる時代の到来とその斬新さを、私はひとまず素直に喜びたいと思う。

［参考文献］

独立行政法人国立女性教育会館・伊藤陽一編　二〇〇六『男女共同参画データブック──日本の女性と男性──２００６』
林道義　一九九八『主婦の復権』講談社。

石原里紗　一九九九『くたばれ！　専業主婦』ぶんか社。
岩下久美子　二〇〇一『おひとりさま』中央公論新社。
妙木忍　二〇〇九『女性同士の争いはなぜ起こるのか　主婦論争の誕生と終焉』青土社。
内閣府編　二〇〇一『男女共同参画白書（平成13年版）』。
落合恵美子　［一九九四］一九九七『21世紀家族へ（新版）』有斐閣。
酒井順子　二〇〇三『負け犬の遠吠え』講談社。
総務庁統計局編　一九八九『労働力調査年報　昭和63年』。
総理府編　一九九六『女性の現状と施策（平成7年版）』。
上野千鶴子　二〇〇七『おひとりさまの老後』法研。
上野千鶴子編　一九八二a『主婦論争を読む　Ⅰ　全記録』勁草書房。
上野千鶴子編　一九八二b『主婦論争を読む　Ⅱ　全記録』勁草書房。

［引用資料］

林真理子　二〇〇六「解説」、酒井順子『負け犬の遠吠え』講談社、三四二―三四九頁。
加藤秀一　二〇〇九「『主婦論争』軸に性役割を考える」（『女性同士の争いはなぜ起こるのか』書評）『日本経済新聞』二〇〇九年一一月二九日朝刊、二三面。
加藤秀一　二〇一〇「コラム　ジェンダー論の練習問題　第57回　『女性同士の争い』の彼方」『解放教育』五〇七号、九八―一〇〇頁。
無署名　二〇〇四「元祖シングル　負けるな！　おひとりクン！」『週刊プレイボーイ』二〇〇四年一二月一四日号。
斎藤勉　二〇〇四「都会で急増、ひとりを楽しむ30代女性」『朝日新聞』二〇〇四年九月一八日朝刊、be on Saturday b三面（葉石かおりの談話を含む）。

シングルをはじきだす村、シングルの都・ナイロビ

椎野 若菜
Shiino Wakana

1　フィールドワークをはじめたころ

私は社会人類学という学問を志し、大学院進学がきまったあと間なしに、入学が待ちきれずケニアに飛んだ。人類学という学問は、かならずフィールド（調査地）をもたなければ一人前になれない。大学院の先生から、すでにフィールドに入っている先輩を紹介していただき、ケニアに入るノウハウを教わり、少しずつA型肝炎や破傷風などの注射をして、いざ、ケニアに旅立った。私は二二歳だった。海岸地方の農耕民ミジケンダのところから、西部の高原の農耕民グシィ、そして北の牧畜民トゥルカナのところまで、バックパックをかつぎ一人で乗り合いバス、長距離バス、そしてガッタン、ガッタンと動く植民地時代からさして変わっていない列車を使い、ときに半砂漠を歩いてケニアを縦断した旅だった。しかも帰りにはインドも半周するという二ヶ月の旅を終え、また半年してからケニアに舞い戻った。

村の女性のくらしは、とにかく忙しい。未婚であろうが既婚であろうが女性であれば、幼い頃から農作業、料理、水汲み、買い物、薪あつめなど休みがない。でもたいてい、彼女たちは自分の夫と子供のために働くことが期待されている。

ヴィクトリア湖近くのルオとよばれる人びとの村で調査することになり、暮らし始めたころ。私はとにかく、私を娘としてうけいれてくれた母である「ママ」についてまわっていた。ママが訪ねる友人たちの家にともにいくと、しばしば「親元を離れて、こんなところにきて、かわいそうに、さみしいでしょう」と村人のおばちゃんたちからいわれていた。「高校生なの？勉強もたいへんだねえ。ほかのセカンダリー（高校）の学生もまえに村で昔のことを聞いて回ってたよ、たいへんだねえ」と。まあ、日本人は若くみえるのだ。苦笑しながら、そうした質問をかわしていた私だが、かれこれ、通いだして、もう一五年目になった。ケニアに行って受ける質問も、だんだんに変わってきた。

相変わらず、村に通ってくるが結婚の報告のない私に、村の人びとはそろそろあきれてきている、というのが実情である。ともに近隣の村をぶらぶらしたり、賭けごとをして遊んでいた青年たちも、いまや妻子もちだ。残念ながら、病や事故で亡くなった若い友人たちも数人いる。私のために、よく水浴びの水くみをしてくれていた「妹」たちは、全員、嫁に行った。かわりに「弟」のお嫁さんが、私のために料理を作ったり水汲みをしてくれるようになっている。昨夏に私が「弟」の家に居たところ、尋ねてきたおばちゃんが私に、「久しぶりだねえ。なにしてるの、いま。へえ！まだ勉強してるの。結婚は？まだ勉強、終わらないの。たいへんだねえ」と言って去っていった。今夏も村の長老に、「ワカナ、まだ結婚しないのか」と聞かれた。「弟」たちや親しい友人たちは、しみじみと、「その時期がくるさ」という。でもほんとうは、私という本人にはいわないけれど、ルオらしい心配があるのだ。

2　ルオ人として育つ

村落のルオ人ならば、ダラとよばれる父系の拡大家族がともに暮らすコンパウンド（家囲い）に生まれた時点から、ルオの文化、慣習のなかで学び、教育されながらの生活が始まる。ルオ社会は父をつうじてつながっている人びとが家族をつくる父系社会であり、男と女の役割や父、母としての役割などがはっきりしている。幼い頃から、女の子は薪とりや水汲み、子どものあやし方、そして料理を母から学ぶ。男の子は牛や山羊などの家畜の扱い方から、放牧、土地の開墾、そして漁の仕方、また家の建築の方法などを学ぶ。男女の別がはっきりしてくるのは一三―一四歳頃で、男女ともに両親と同じ小屋で眠ることから卒業し、男子は自分の小屋をつくるように父からいわれて、助けをかりながら父のコンパウンド内に自分の空間である小屋を建て、そこで眠るようになる。女子は日中は両親のコンパウンドですごすが、寝るときになると祖母の小屋に行くようになるのだ。そして平均で女性は一六―一七歳で結婚

する。これは、半世紀まえと比較してもかわりがない。結婚する際にはたいてい、ジャガンとよばれる仲介人が活躍する。ジャガンは男性と女性側それぞれの家族親族に、結婚相手としてふさわしいかどうか、当人の身元調査、評判などを聞いて伝え、間をとりもつのである。べつの言い方をすると、年頃になった女子はジャガンからいい話があると、女性本人が断わることはほとんどない。嫁に「でる」べき存在だからだ。結婚すると夫になる男性が女性の家族に、日本でいう結納に相当する婚資（ルオ社会で重要な、価値ある財だと考えられている牛、数頭と現金）を支払って結婚は成立する。また兄弟たちは、彼女が結婚することで入ってきた婚資を使って、自分たちの嫁にもきてもらうことができる。こうした状況から、もし姉妹が未婚のまま長くいると、やがて親、兄弟たちに煙たがられる存在にもなる。

3　未婚女性は恐ろしい？

結婚年齢に達した未婚の女性が生家にいることをよしとしない理由は、食いぶちの問題か？と想像するかもしれない。ところがその理由は、ルオの人びとの呪術的な世界観にも関係している。もし、未婚の結婚年齢に達した女性が死んだら、その霊はもっとも強いといわれ、生きている近親にさまざまな圧力をかけ、悪さをする可能性が高いのである。よくいわれるのは、結婚したかったのにできなかった、という嫉妬と悔いのために、未婚女性の霊は生きている女性親族の夢枕に登場したり、なにかとちょっかいをだしたり、不幸（チラ）をもたらし続けるという。

もうひとつ、ルオの人びとが未婚女性を恐れる要因は、彼女たちのセクシュアリティの力である。ルオの夫婦は儀礼的性交ともよべる性によって強く関係性を保つ仕組みがつくられており、定まったパートナーのいない女性はコミュニティにとって危険で、既婚男性を誘惑し婚外の性を誘引する正体以外の何者でもない［椎野　二〇〇九］。ルオ社会では、さまざまな慣習的な規範があり、とりわけ婚外の性という、行ってはならない罪が当事者の家族、親族にもたらす不幸は最悪の場合、死という形で現れる。それゆえ夫を亡くした寡婦も、夫の死後もひとりでいるのではなく、亡夫の代わりをする代理夫とも呼びうる新たなパートナーをもたねばならない［椎野　二〇〇七、二〇〇八］。婚外の性による不幸がもたらされることを恐れるため、シングルの女性、とくに未婚女性の存在は恐れられ、疎まれるのである。それは万が一未婚女性が生家で死んだばあい、その対処に奔走する遺族たちの様子からも見ることができる。未婚で死んだ女性の霊を恐れるため、人びとは彼女の遺体を妻としてひきうけ、自分自身のコンパウンド内に埋葬してくれる男性を手を尽くして探す。だがそうした男性がいなければ、彼女の遺体は生家のコンパウンドの外に、埋葬されるのだ。父系で男系社会であるので、女性はもともと、自分の生みの父の土地に埋められる権利すらないのだ。

　こうした理由から、ルオの村落社会では、女性が結婚するべき歳でありながら未婚であるということは、恐るべき存在なのである。私にはめんとむかってはいわないが、もしかすると村の人たちは、年頃で結婚していない私のことを心配している、というよりも、やはり恐れているのかも、しれない。

4　都市に暮らすシングル男女

村落を生活のベースとしている女性は、小学校（八年制）には行くものの、すべて修了する人は稀で、途中で退学して十六、七歳で結婚し父の元を離れる人が多い。だが高校へ進み、さらにカレッジ、大学レベルの教育を受ける女性となると、生きたかたの状況はぐっと変わる。私の暮らしていた村では、女性が高校に行くことが稀である。私が村に暮らし始めた一九九六年当時、高卒で嫁いできている女性は村で二人だった。もちろん、進学する女性も一、二人でき始めたところだった。十年以上経った今現在では、女子の高校進学率もわずかながら上がっている。しかしいずれにしても、私の村から男性ですら大学生はでていないので、女性が大学に行くことは相当選ばれた条件であることに変わりはない。

ところが、ナイロビ都市の中心部の目抜き通りにはもちろん、高学歴の女性が毎週ビューティサロンに行き髪型をばっちりキメて、服装もおしゃれに着飾り、悠々と闊歩している。そうして、ジャガンが重要な役割を果たしている村ではほとんど聞かない、つねに女性がいい男を探し捕まえるのに積極的である、日本でいう女性による「婚活」の話をきく。またもちろんのこと、男性もいい女をつかまえるのに、いつも窓口は広い。

つい最近、ナイロビで知り合った友人の親戚である男性に、すぐに聞かれた。「君は結婚してないの？なぜ？ナイロビで誰か探せばいいね、そして妊娠すれば…」初めて会って、かなり唐突で、こんなことをいわれて、私はかなりびっくりした。村では、いきなりそのようなことを直接には聞かれない。また、日本人の女性の感覚では驚くほど、女性も男性も簡単に携帯番号、メールアドレスの交換を会ったばかりでもやる。たとえば、メガネをつくるのにお店にきているとき、乗り合いバスを待っているとき、隣にいた異性と話して、すぐに携帯番号の交換するのだ。そして、すぐに電話したりSMS（ショートメッセージサービス）やEメールをし、別のシングルの友人も誘って大勢で一緒に飲みに行ったり踊りに行ったり、とりわけ金曜のナイロビの夜はこういった男女で賑やかだ。ただ、どこ出身であるとか、何歳だとか、何の仕事をしているなど、くわしい情報はいわない。都市では匿名性が非常に高い。もしかすると、偽名や偽りの職業を言ってずっとやりとりをしたりもするのだ。

ケニア一高い38階のタイムズタワー前にて。
ナイロビのビジネス街を歩いていると、ときおりはっとするようなおしゃれな全身ぴちっと身体にフィットした、大きなアクセサリーを決めた、どうどうと自分の街を歩くお姉さんにすれ違う。（2010年筆者撮影）

5　もてるシングルとは

シングルで、とくに現金収入のある男性は、女性たちに非常にもてる。まさにケニアの女性たちはゲンキンなのである。金のためなら男にくっついていく、というフレーズは男性からも女性からも、よくきく。失業率の高いケニアでは、高学歴、現金収入がある、というだけで男性はとても人気があるのだ。ある意味、女性は正直である。経済のレベルが保たれるいい生活のためなら、容姿や年齢はいとわず、男性が既婚でも気にしない人もいる。男女双方ともに一夫多妻の文化が基層的にあるといえようか。

男性側はというと、ある男性は次のように言う。「いい女でも、既婚女性ならば誘われてもやめたほうがいい。なにがおきるかわからない。ばれたとき夫が怒って殺されるかもしれない。女性自身も、自分を守るために何を言い出すかわからない。つきあうなら、未婚の女性。でも美しすぎる女性はもてるしセックスが好きだし、男のあいだを歩きまわる人が多いので、結婚するには要注意だ」。高学歴の男性ほど、就学期間が長いことに加え、そして女性を吟味し続けるのか、結婚が遅い傾向にあるようだ。

また、結婚しても物理的に一人であるシングル、という状態が都市・町には多くあるのは、出稼ぎのためだ。結婚している場合、どんなふうに暮らすかは、民族によってもけっこうちがう。たとえば、私が長いおつきあいをしているルオの人たちは、一夫多妻であれば、夫は第一夫人を故郷の家に、第二夫人や第三夫人を仕事先のある仮の住まいにすまわせることが多い。一夫一婦の場合、単身赴任の場合もあるし、妻を故郷から勤務地につれていく場合もある。しかし、別の民族、たとえばキクユなどは、単身赴任が多いという調査もある。そのかわり、出稼ぎ先ではお決まりの妻同然の、ガールフレンドがいることがほとんどだ。そうした女性側の主張でよく聞かれるのは、「男性が既婚未婚かは、あまり問題ではないわ。自分を愛してくれるかどうか。しっかりつなぎとめるには、その男との子どもをもつことだわ。」男性が女性の両親に婚資（日本でいう結納）であるウシと現金を支払う手続きをふんだ伝統的に正式な結婚はしていないが、こういった形でパートナーをもつ女性も町にいる。

6　都市のアラサー／アラフォーシングル女性

私は長らく、村での調査を中心にしてきたので、いわゆる都市をベースに暮らすシングル女性たちとは最近知り合うようになった。彼女たちは、これまで私がつきあってきた村の女性とは、まるで違う。村の女性たちはコンピュータなど見たことない人が多くいるし、洋楽や映画などもほとんど知らない。だがナイロビのシティガールたちは、私が日本にいるときもインターネットのFacebookのページ上やyahoo MessengerやSkypeでチャットしてくることも多い。ナイロビではおしゃれなカフェで会ったり、一緒にショッピングに行ったりもする。お宅によせてもらって、一緒に料理することもある。はやりの曲、好きな映画、新しいコンピュータソフトウェアの話題、異性関係の話、など日本の女友だちとほとんど同じ感覚の付き合いだ。ここで、私の友人である素敵なシングル女性を二人、紹介しよう。

アイリーン

アイリーンは、「はーっはっはっ！」と高らかな声で笑う、とても明るい、いま三〇代後半のアラフォーである。自分の主張をはっきりするし、かなりよくしゃべる。男性たちとともにいても、負けずにたんたんと、説得力のある話し方をするのが印象的だ。ジーンズにキャップ、というカジュアルなスタイルで、いつも回りを気遣い、人々をとりまとめて率先して連絡役をつとめたり、友人の歓迎送別パーティなど企画、実施する行動力もあるすてきな活気ある女性だ。

彼女は理系女子である。出身は西ケニアのルイヤ民族で、ナイロビ大学で学部時代をすごし学士をとり、つぎに奨学金をとってスェーデンの大学で修士号をとった。家畜の病気にかんする研究をしていて、いまは国立の研究所に勤務しているキャリアウーマン。学生時代に恋人との間にできた八歳の息子と一二歳の娘がいる、シングルマザーである。母と妹とともにナイロビで暮らし、子どもの面倒もともにみてもらっている。家事はすべて妹と母がやってくれるので、いわば、彼女は一家の大黒柱、稼ぎ専門である。私が、客をもてなすときにケニアの家庭では必須のチャパティ（インドからもたらされた小麦粉からつくるパン）の彼女のレシピを聞いたら、「日曜になると、妹がチャパティをつくってくれる、私なんてもう大分ながい間つくってないわ」という。

「新しくパートナーを得るとしたら、どんな人がいい？」と聞くと、「学歴が私と相応でないとだめだと思うわ。まず、バーンと（テーブルを軽くたたき、紙を置くしぐさをしつつ）私の履歴書をみせて、『みて、これ私の履歴書よ』って。それで、私の学歴にふさわしくなければ男は逃げていくと思うわ。まあ、いつでもいい人がいたら、とは思っているけれど。でも子どもがいるから幸せ。私が働いて、母と妹が家のことをしてくれているし、私は家事はなんにもしなくていいのよ」。女性が修士号をもっていることは、まだケニアではかなり珍しい。男性の社会的地位のほうが高く、家庭のなかでの発言力、権力も高いと考える男性が多いなか、自分のパートナーがより高い学歴をもっていることに抵抗を感じる男性は多い。また学歴が非常に大きい意味をもつため、学歴を持つものは誇りも、主張も高い。

すると自然に、誇り高い男性と誇り高い女性では、マッチングが難しくなってくるのだ。――それにしても、彼女の勢いのいい明るさはどこからくるのか。

ジェーン

ジェーンは、ぽっちゃりとした、目がくりっとした、愛らしい面持ちをした女《ひと》だ。その雰囲気からは意外な、彼女のハスキーな声がまた、ちょっとセクシーだ。ケニアでは日本とは異なり、女性のセクシュアルポイントはグラマーな胸ではなく、いい肉付きをした大きなお尻だ。最近、ナイロビでは胸パットならぬ、お尻を大きくみせるお尻のパットも八～九〇〇〇シル（約一万円）もするのに売れているくらいだ。彼女はまさに、いい形のお尻をした、かわいい顔をしたモテるスタイルなのだ。

彼女はケニア南部のカンバ民族の出身。高校をでて、ナイロビ大学にすすみ、そして結婚。農学系で植物学の研究をしていた。修士号をもっており、現在は政府機関に勤務。ワシントンDC、ロンドン、アムステルダム、東京、など海外派遣の経験ももつ。やがて離婚し、いまは一人で今年四一歳になる。

彼女の年齢のわりには大きい、大学に行っている息子がいると、私は本人でなく彼女の友人から聞いた。「夫は仕事をやめてほしかったらしく、喧嘩がつづき別れたわ。アフリカの男は、男尊女卑だから大変よ。私がどんなに疲れて帰っても、すべての家事は私がやるのはあたりまえ。まったく、私の仕事に理解がなかった。嫉妬もあったのね。」そして今、博士号を取得する計画をたてている。

ボーイフレンドはいつでも募集中だ。ここ半年の間に、三人のボーイフレンドがいた。ケニア人、カリブ人、ケニア人だ。彼女と話すと、いつも男の話になる。「最近どうなの?」と聞くと、「そうねえ、いま職場にいるガーナから来た人がいるんだけど、彼のことがいいかな、と思ってる」という。「もう、ケニアの男はだめよ。魅力を感じない。なにかというと、すぐに子どもをほしがるし。そして、女が自分よりポジションが高かったりすると、もうだめなのね。嫉妬深いし。」「ケニア人でない男性はいいの?どんなところが?」と私が聞くと、「たとえば、いま気になってるガーナ人は、インテリジェントだし、とっても紳士。しょっちゅう出張が多いのが難点なのと、私と背が同じくらいなのよね。でも、話していてとても楽しいわ。彼ならもしかしていいかも、って思う。」

そして、彼女は自分の弟を私の日本の友人に売り込むのに必死である。「ねえ、私の弟、あなたの友人のシホにどうかしら。ハイブリッドのかわいい子どもが生まれるわよ。」そして、彼女は続ける。「今度、ナイロビにきたときも、私の家に泊まってちょうだいよ、ガールズトークしましょう!私、ひとりで住んでるんだから。約束よ!」

彼女らは、いずれもケニアのなかではごく限られた、エリートの女性たちである。職をもつのも難しいなか、才能と運と、おそらく賄賂、親族関係などもあっていまのステータスにいる。そうした道についた女性たちは、まず食べることには困らない。ケニアにおいては、そこそこいい暮らしができる。村落の、その日のおかずを買うために家庭菜園から採った野菜を売る女性の生活とは雲泥の差である。日本の働く女性と大きく異なるのは、子どもについても、世話をしてくれる人を見つけるのが非常に簡単であることだ。手伝ってくれる多くの親族がいるし、またメイド、ハウスガールを雇うのは給与取得者にとって難しくはない。いわゆる特権階級だけでなく、たとえば学校教師ならば、メイドは雇えるのである。子どもがいても、メイドさんに頼んで、ボーイフレンドの暮らす別の都市に泊まりがけでいくシングル女性はたくさんいる。ある程度経済力のある女性は、好きな男と子どもをもち、彼とうまくいかなければ別れ、また違う「あう」男性を探し続ける。

7　村のシングルマザーの処遇

村という生活空間では、結婚前の女性はあくまでも父の土地での家事、そして農作業を手伝うにすぎず、結婚して夫のもとに行き、そこで初めて夫に自分の場所である家屋を建ててもらい、夫の土地を耕して糧を得ることができる。つまり女性にとって結婚とは、生きるすべの前提という仕組みになっているのである。したがって、村に暮らす学歴のほとんどない女性が思いがけずシングルマザーになってしまった場合は、親や親族がなんとか嫁ぎ先を探し、彼女は子どもをおいて嫁いでいく、というのが一般

的である。あるいは彼女がその固い仕組みから抜けでるには、村という生活空間から脱する以外にない。

ただ村にも少しずつ、この五年ほどで変化がみられるようになってきた。かつて、植民地化以前はシングルマザーという存在はありえず、未婚で子どもが生まれた場合その子は出産直後に殺されたり、差別されて祖父母のもとで育てられたものだ。だが近代的な学校教育の導入でコミュニティで若い女性を見守る機能が低下し、それによりシングルマザーは急増してきている。そうした社会変化にともない、最近は子連れ女性も妻として引き受ける男性も少ないながらでてきている。まさしく、価値観の変化がせまられ、変わってきている。しかし、シングルマザーとして生きることは、村では不可能である。

8　シングルマザーのつくる同居「家族」

それにしても、都市の、稼ぎのあるシングルマザーは、なんと自由を謳歌していることか。彼女たちの満ちあふれた誇りと自信は、さきに紹介したとおりである。彼女らは伝統的な村空間を飛び出たものの、基本的にひとりでなく、支えるのは女性親族やメイドさん、ハウスガールらだ。メイドをしている彼女とその主人の家族とは、子どもを中心にほとんど家族のようになっている。だから一、二歳の子どもでも、母親が一週間いなくても、まったく問題ない。家族同然のメイドさんがいるからだ。彼女らは多くの場合、遠い親族関係にある女性であったり、同郷、少なくとも同民族出身である。給与として支払われるのが基本だが、居候する代わりに家事と子どもの世話をすることもある。いずれの場合も親キョウダイに問題があれば援助し、広い意味での家族親族の関係性にもみえる。

ケニアにおいて活躍する女性の弁護士、教授、医者たちのほとんどはシングルかシングルマザーだ。学歴、大卒、修士号、博士号の重みが日本よりはるかに大きい社会であり、同時に男性の権威意識は相変わらず強い。それはなにをもたらすかといえば、高学歴なアクティブな女性にマッチングする男性が多くないということだ。だが選ばれて運よく道を開いてきたエリートの彼女たちは、どーんと自分の履歴書を携え、憂いをもっているわけではなく、子どもも持つという女として生まれた喜びを満たし、誇り高くシングルで生きている。経済力を背景に、家族親族、民族どうしの相互扶助の関係性を生かし、その都度パートナーを探しつつのびのびと都市で生活を楽しみ生きているシングル女性は、圧巻である。

〔参考文献〕

椎野若菜編　二〇〇七『やもめぐらし―寡婦の文化人類学』明石書店。
椎野若菜　二〇〇八『結婚と死をめぐる女の民族誌―ケニア・ルオ社会の寡婦が男を選ぶとき』世界思想社。
椎野若菜　二〇〇九「ケニア・ルオ社会の『儀礼的』セックスとは」『セックスの人類学』（奥野克巳、竹ノ下祐二、椎野若菜共編）、春風社、三九―六九頁。

モルギーさんの冒険

北インド農村の物語

八木 祐子
Yagi Yuko

1 モルギーさんと私

ある日のモルギーさん

モルギーさんは、元気だった。神様にそなえる供物の取り替えに忙しい。今日は、何を供えようかしら。相変わらず、セカセカと歩きまわりながら、祠の前で考えていた。

離婚して一〇年近くになる。しばらくの間、両親や親戚は、再婚話をもってきたけど、とても、そんな気にならなかった。妹たち三人は、何とか、姑たちとうまくやっているようだけど、私はとても無理だった。夫は、お酒ばかり飲んで働かないし、姑の味方ばかり、するんだもの。

甘ったれの弟が家を継いでいるし、まだ、父も母も元気だから、実家に戻ってこられたけれど、そうでなきゃ、どこか働きにでるか、すぐに再婚するかしか、手がなかった。だいたい、このあたりの街や村では、離婚した女をそうそう雇ってくれるところはないしね。

その点では、よかった。離婚して、二年もたたないうちに、子供たちを教えるという仕事ができるようになったから。まだ、小学校にあがる前の子どもたちに文字を教えるという仕事。半分近くは、学校に行ってもいい年の子だし、それに、子守りしている弟、妹たちをつれてくるから、本当の登録者は一二～一三人程度だけど、いつも二〇人以上、ウロウロしている。それにしても、ラッキーだった。ちょうど、ヤーダブ・カーストが選挙で勝ったから、うまくお金が使えて、私の仕事が生まれたんだもの。きっと、私が信じているドゥルガー・マーイー女神のおかげだわ。代々、私の家と、このあたりの親戚の家の守り神となっているけど、やっぱり御利益があったんだわ。

村の識字教室。右から２人目がモルギーさん。

モルギーさんとの出会い

私がモルギーさんと出会ったのは、もうずいぶん前になる。モルギーさんが一五～一六歳の頃だっただろうか。私が、一九八〇年代初めに、北インドの農村で女性の儀礼に関する調査をはじめて、一〇数年がたったころだ。モルギーさんの故郷、ウッタル・プラデーシュ（Uttar Pradesh）州の東部にある村は、ヒンドゥー教の沐浴風景で有名な聖地ワーラーナスィー（Vārānasī, ベナレス）から、北の方角に自動車で四時間もかかる田舎の村だ。ウッタル・プラデーシュ州は、

モルギーさんの実家の家族。左から２人目がモルギーさん。

人口が約一億六千万人もあり、日本列島がほぼすっぽり入るくらいの大きさだ。この州の東部は、西部に比べて経済的に遅れた地域だが、それでも、近年、開発がすすんできた。ワーラーナスィーや首都ラックノウに向かう幹線道路は整備され、ガソリンスタンドもあちこちに目立つようになってきた。以前は、村まで七時間もかかったが、忙しくなったせいか、バスも自動車もものすごい勢いで走るので、四時間で到着するようになったのだ。

調査している地域の住民は、ほとんどがヒンドゥー（Hindū）教徒である。村落には、さまざまなカースト（Cāste）の人々が住んでいる。カーストは、浄・不浄の宗教的ランキングにもとづいているが、そのなかに、ジャーティ（Jāti）という特定の職業をもつサブ・グループがある。とくに、私が調査対象としている人々はヤーダヴ（Yādav）というジャーティで、伝統的には牛乳の販売や牛飼いを職業として、現在は農業に従事しているものが多い。コメやコムギ、サトウキビをつくっている。この地域の特産は、サトウキビからつくる黒砂糖で、これを売って現金収入を得ている。モルギーさんもヤーダブ・カーストで、家業は農業だ。

モルギーさんの名前は、本名ではない。村の人がつけたあだ名だ。昔、モルギーさんの家で鶏を飼っていたので、そう呼ばれる。ヒンディー語で、雄鶏のことをムルガー、雌鶏のことをムルギーという。一九八〇年代半ばの頃、このあたりの農村で、鶏を飼っている家は少数だった。飼っている家畜は、牛、水牛などの耕作か乳製品の利用のためだった。村人たちは、当時、ほとんどがヴェジタリアンだったので、鶏を食べるために飼うことは揶揄の対象になったのだ。とくに、女性は肉を食べるものではないと考えられていたので、モルギーさんの家では、女性も食べていたから、よけいからかわれることになったのだろう。モルギーさんは、気が強く、何でも言い返す。鶏みたいにけたたましいところが似ているということで、雌の鶏を意味するムルギーがちょっとなまって、モルギーと呼ばれるようになったのだ。だいたいインドの村人は名前より、あだ名で呼ばれることの方が多い。女性は、結婚して村を出て行っても、実家に戻ると、子どものときにつけられたあだ名で呼ばれる。子どもが生まれれば、その子の名前をとって、「〇〇のお母さん」と呼ばれることになるが、子どものいないモルギーさんは、離婚して、生まれた村に戻ってからは、モルギーさんのままだ。

　出会った頃から、好奇心の強いモルギーさんは、時々、隣村にある私の住んでいる小屋に押しかけてきた。日本はどんなところなのとか、何でインドに来たのかあれこれたずね、質問するのにあきると、いろんなものを手にとっては、これは何に使うのと質問し、適当に相手をしていると、いつの間にかいなくなってしまう。家の近くをとおると、チャイを飲んでいかないかと誘う。チャイをご馳走になるのはいいが、話がおわらない。自分の家族の話、近所の噂話、私への質問まで延々と一時間は続く。そんなわけで、だんだんとモルギーさんのチャイのお誘いを断るようになっていった。そんな時、モルギー

さんの結婚話をきいたのだった。夫の家で、一緒に暮らし始めたのは、一八歳の頃だったか。そして、まもなく、村に戻ってきたという話がきこえてきた。

モルギーさんのつぶやき

ユーコは、今度はいつまでいるのかしら。今日は、祠を新しくしたドゥルガー・マーイーの写真をとりにきたけど。あのジャパニ（日本人）は、いまだに、よくわからない。私が結婚する前から、村のなかをウロウロしている。まだ、結婚していないらしいから、「何で、結婚しないの」ってきいたら、「世界で一番いい花婿をさがしてる」って言うのよ。だから、「髪の毛が白くなっちゃうわよ」って、言い返してる。「みつかったの」ってきいたら、「あっちに一人、こっちに一人。日本に一人、インドに一人…」だって。信じられない。インドの村では、結婚しない女なんていないもの。でも、都会では結婚しないで、働いている女の人もいるらしい。

日本では、女の人も結婚しても、しなくても、外で働いているらしい。それは、いいことだわ。私も、子どもを教える仕事をしないかって言われたときに、ユーコのことを思い出したもの。日本で、先生の仕事をしているってきいてたから。

ああ、そろそろ、ジャイトゥアの祭りに出かけなきゃ。以前は、夫がいないと参加できなかったけど、時代が変わったわ。去年の祭りでは、夫を亡くしたアルジュンのお母さんも参加しているし、子どものいないスダハおばさんも、離婚している私も、みんな参加するようにできるようになったわ。

2　祭りの場にて

ジャイトゥアの祭り

ジャイトゥアは、八月～九月頃におこなわれる女たちの祭りである。ブラタ儀礼と言って、女性たちが、夫や子どもたちの長生きと健康を願っておこなう儀礼の一つである。ジャイトゥアは、とくに、子どもの長生きを願うので、子どもをもった既婚女性が参加する。儀礼に参加する女性たちは、朝起きてから、次の日の朝の儀礼がおわるまで断食し、水も飲まない。いつもと同じように働き、日が暮れる頃になると、隣近所、誘いあって出かける。以前は、村の女性たち全員が村の庭に集まって儀礼をおこなっていた。今は、親戚ごとに数か所に分かれておこなうようになった。

集合場所に集まると、シヴァ・マーイーという女神の像を牛フンでつくる。シヴァ・マーイーは、とくに子どもを守ってくれる神様だと言われている。女神の像にコメをはりつけ、シンドゥールという赤い粉で化粧する。そこに、聖草をおき、もってきたサリーやバナナやリンゴなどの供物をささげる。そのまわりに、ランプをおき、カジャロータを開いてたてかけ、ランプの煤が内部につくようにする。カジャロータは、眼のまわりに塗るカジャールを入れる容器だ。カジャールは、悪霊をさけ、眼の病気にならないように、子どもたちの眼のまわりに塗るものだ。眼を大きくみせて、魅力的にする効果もある。

ジャイトゥアのお祭りでは、民俗歌謡を五つ、物語を三つなど、奇数、歌ったり語ったりすることになっている。ヒンドゥー教で、奇数はおめでたい数字だからだ。

女たちの歌

輪になって座った女たちが歌いだした。


大学を卒業したのに、私の夫はビリー（葉巻タバコ）とパーン（噛みタバコ）を売っている。

両親は、私を、夫が大学出だから結婚させた。

夫は、農業に興味がない。ブラブラしている。

私は泣く。夫は昼も夜もビリーとパーンを売っている。

私は思っていた。大きな家をもった夫がみつかると。

私の運命は、ビリーとパーンを売る小屋にいってしまった。

私は言っていた、公務員の夫がみつかると。

私の運命は、ビリーとパーンを売る小屋にいってしまった。

私は思っていた、化繊のサリーを着て、金の飾り物を身につけると。

私の運命は、ビリーとパーンを売る小屋にいってしまった。


モルギーさんは、思った。本当に、この歌のとおりだわ。夫は、インター・カレッジを卒業したっていうから、これで、ちゃんと生活していけるって思ったのに。村でいつも着ている木綿のサリーではなくて、流行りの色のきれいな化繊のサリーを着れると思ったのに。夫はお酒は飲むし、働かないし、最後の方は、私を殴ってくるなんて、どうしようもないやつだった。三年たっても、子どもができなかったから、逃げるように離婚したけど、子どもがいたら、どうしていただろう。不妊の女というので、離縁されることもあるし、さっさと帰ってきて良かったわ。それに、私は実家に戻って来られたし、みんなお帰りって迎えてくれてよかったわ。足の弱ったお母さんの世話もできるし、弟の嫁も、最初はいやがっていたようだけど、今は喜んでいるみたい。

一九九〇年頃まで、ヒンドゥー教徒が多く住む農村では、女性の側から離婚を求めるのは非常に難しかった。ほとんどの場合、離婚は夫の側からおこなわれた。その方が、妻側が支払ったダウリーという持参金を戻さなくていいからだ。たとえ、夫側に原因があったとしても、数年たって子どもができない場合は、離婚の理由にされた。夫が早く亡くなり、寡婦になると、女性はもっと大変だった。八〇年代までは、装身具をすべてはずし、白いサリーを着て、静かに暮らさなければならなかった。女性がひとりで生きていくことは、農村社会ではとても大変なことだった。

モルギーさんは、あるとき、夫のもとから逃げ出して来たのだった。お酒を飲んで働かない夫に怒り、モルギーさんは、ハンガー・ストライキを試みた。お腹がすいて、さすがに三日で断念したらしい。勝ち気なモルギーさんは、たびたび夫に文句をいった。時々、暴力をふるうようになった夫に対して、ついに愛想がつきて、バスに飛び乗り実家に戻ってきた。高校を卒業したモルギーさんは、文字が読めるので、目の前をとおったバスに乗って、さらに別のバスに乗り換え、最後は二時間近く歩いて、五時間

かけて戻ってきたのだという。実家のある村では、戻ってきたモルギーさんをみて、大騒ぎになった。村では、若い嫁がひとりで出歩くことはない。夫の家と実家を行き来する時や、買い物など村を離れる時は、義弟など必ず男性が付きそう。髪を振り乱し、サリーを埃りまみれにしながら、必死で歩いてきたモルギーさん。思えば、これが、モルギーさんの冒険の第一歩だった。モルギーさんを連れ戻しに、夫の家から交代で、親戚がやってきた。実家でも何度も説得したが、モルギーさんは頑固だった。半年たっても一年たっても、モルギーさんは夫の家に戻らず、ついに、まわりがあきらめた。

帰ってこないカップル

ビジェンドラのお嫁さん、今年もジャイトゥアの祭に姿をみせなかったけど、どうしたのかしら。去年も来てないし。ほとんど村にいないんだものね。結婚して、この村に嫁にきて、一年も村にいなかったわ。ビジェンドラと一緒にラックノウの街に行っちゃった。

ビジェンドラとスニタの結婚式は、最高気温が四五度近くにも達しようとするなか、二〇〇人以上の招待客を呼んで、スニタの家で華々しくおこなわれた。ビジェンドラは張り切って、暑いのにワーラーナスィーで仕立てたスーツを着て、結婚式にでかけた。彼の家族は、ビジェンドラが長男で、唯一の男の子ということもあり、古い家屋を一年以上も前からコツコツと手を入れ、花嫁のためにトイレもつくり、新婚の二人専用の家屋を用意した。花嫁側からは、一〇万ルピー（約二二万円）の持参金の他に、大きなベッドや鏡台、扇風機など家財道具が、新婚の家に運び込まれた。

ビジェンドラは、村では珍しく、名門アラハバード大学をでて、政府の行政職についている。妻のスニタは、短大を出て、看護職についている。二人とも、州の首都であるラックノウで暮らしている。結婚後、しばらく二人は、ビジェンドラの実家と行ったり来たりしていた。今は、祭りのさいに時々は顔をみせるものの、二人とも仕事が忙しく、収入を得るためにも、当分、村へ戻るつもりはないようだ。以前であれば、長男は跡継ぎとして、実家に帰り、大家族を支える存在であっただろう。だが、今では、自分たちの思いを優先し、カップルごとの暮らしへと移行しつつある。

悩めるモルギーさん

モルギーさんは、いろいろ考えていた。最近、子どもたちが幼稚園や小学校に通うようになって、私が教えるクラスの子どもたちが少なくなった。五人しか来ないこともある。来年は、クラスのためのお金が出ないかも知れない。二〜三年たつと、クラスがなくなると、村の人も言っている。

今はまったく、結婚は考えてない。何度も話はあったけど、酒飲みの夫のことを思い出すと、その気にはなれない。でも、これからのことを考えると、生活をするには、もう少しお金が必要だわ。弟夫婦と暮らすのも、けっこう大変だし。マーイー（お母さん）が生きているうちはいいけど、そうなったら、実家も居心地が悪くなると思う。ビジェンドラとスニタのように、どこかの街で働けないかしら。スニタは、結婚式で、自分の村を離れるとき、ワアワア泣いていたって、ユーコにきいたけど、いつの間にたくましくなったのかしら。しっかり稼いでいるみたいだし。自分の年はよくわからないけど、たぶん、

私も三〇歳をすぎたころだと思う。そろそろ、何かお金を貯める方法を考えないと。

3　モルギーさんの旅立ち

歩き始めたモルギーさん

モルギーさんは、街へ出ようと決めた。ちょうど、ワーラーナスィーで働いている親戚の男性が村に戻ってきていて、話をきくことができたのだ。それで、まずは、どんなところか様子をみることにした。ちょうど、ユーコもワーラーナスィーに出るらしいので、一緒にバスで行くことにした。四時間ほど、バスに揺られて、ワーラーナスィーについた。村の近くにあるアザムガルの街の何倍も大きい。オート・リキシャ（三輪自動車）やサイクル・リキシャ（三輪自転車）、モータル・カー（自動車）がたびたびとおるので、気をつけないと、ぶつかってしまう。女の人がモーター・サイクル（オートバイ）に乗っているのをたくさんみかける。私の村の方では、バイシクル（自転車）に乗る女の学生はいるけど、モーター・サイクルに乗っているのは、ほとんどみないわ。それに、あのシャルワール・カミーズ（丈の長いワンピースとゆったりしたズボン）は、袖無し（ノースリーブ）よ。あんなに肌を出してしまって、恥ずかしくないのかしら。あら、あの子、男の人が着るジーンズも着てるわ。デリーやムンバイじゃ、みんな着ているってきいたけど。どうなっているのだろう。

私の横で、モルギーさんはウロウロしていた。そうかと思ったら、大きな声で何か叫んでいた。オート・リキシャに突っ込まれてきて、文句を言っているようだ。これなら、大丈夫かな。とりあえず、叔父さんにバトンタッチしよう。

数日して、モルギーさんに会いにいった。はやくも近所の人にとけ込んだようで、親しそうに話をしている。もうすぐ、私は日本に帰らなければならないので、さよならを言いに来たのだ。モルギーさんは、私は日本にも家があり、インドと日本の両方で働いているのだと思っている。ユーコもはやく戻ってきて、あと三か月もしたら仕事しているから、遊びに来てねと、モルギーさんは自信たっぷりに言った。田舎の女性が簡単に働けるとは思えないけど、たくましいモルギーさんなら何とかなるかもと思いつつ、私はインドをあとにした。

一年後

今ごろの男は、どこでみせるのか、勇ましさを。
女みたいなサリーの服を着て。
今ごろの男は、どこでみせるのか、勇ましさを。

ほぼ一年たって、モルギーさんに会いに行った。ちょうど、雨季の祭りの時期で、大声で歌をうたっていた。元気だった。子供たちを教える仕事をしていた。寡婦や離婚した女性のためのＮＧＯで働きだしたらしい。インドは、ＮＧＯ大国と言われるくらいＮＧＯが多い。モルギーさんが働いているところ

選挙キャンペーンに参加する女性たち。

は、一九八〇年代にできたＮＧＯで、ワーラーナスィーに本部があり、一〇数人の女性が働いている。叔父さんの友人のつてで、ＮＧＯを紹介してもらったようだ。モルギーさんは、高校を卒業していて、村で子どもたちを教えた経験があるのが、よかったらしい。

実家に戻ってきたばかりなのよ。村は、やっぱりいいわ。空気もおいしいし、家族も友達もいて、ほっとする。結婚した妹たちも帰ってきていたし、甥っ子がまた増えていたわ。

教えるのは楽しいわ。でも、つきあいが大変。それに最初は、村の言葉と違うから、よくわからなかったの。今は慣れたけどね。少し寂しいときもあるけど、ワーラーナスィーには、同じ村や近くの村の人や、カーストが同じ人たちもいるから、大丈夫よ。祭りの日には、誘い合って出かけるの。夫がいない分、気楽に出かけられるわ。村と違って、街では、女の人だって、あちこち出かけているもの。沐浴に行ったり、マンディル（ヒンドゥー寺院）にお参りしたり、この前は、大きなバジャール（市場）にも、買い物に行ったのよ。何といっても、今は、モバイル（携帯電話）を持っているから、村の人ともこっちの人とも、すぐ連絡がつくから便利よ。

二〇〇五年頃から、調査地域の村でも、携帯電話が少しづつ使われるようになってきた。今や、一家に一台は普通となり、お嫁さんのなかでも持っている人がでてきた。女性たちは、出稼ぎの夫とも、実家の家族とも、女友達どうしでも、携帯電話でつながっているのだ。これが、今までの女性たちと違うところだ。大きな武器ともいえる。いつでも連絡がとれ、孤立しないでいられることで、携帯電話は、男性以上に、女性たちのネットワークづくりを大きく変える可能性を秘めている。

　お金を貯めて、村に帰ったら、パンチャヤートにも立候補すると張り切っていた。パンチャヤートは、村落議会のことである。インドの村のパンチャヤートは、三分の一が女性でなければならないという、女性の登用率を増やすための政策がある。現在、国会議員などにも適用できるよう審議がすすめられているところだ。モルギーさんは、しばらくは、実家のある村と行ったり来たりしながら、暮らすようだ。九〇年代なら、街、それも大都会へ女性がひとりで働きにでるなんて、大冒険だった。夫の出稼ぎ先についていくのだって、大変だった。今でも、村の女性ひとりが街にでるのは、冒険だ。でも、モルギーさんは、楽しそうだった。自分の力で初めて生きていけるって、喜んでいた。自分の使えるお金があるって、素晴らしいって言っていた。自分の部屋もあるのよ。本当に困って寂しくなったら、村に帰ればいいし。「ユーコのおかげよ」って言われた。村とは違うところもおもしろいわ。ジャパンがどこにあるか、よくわからないけど、私も、そのうち行ってみたい。離婚したおかげで、始まったの。今からだわ、私の人生。

Mandelbaum,D.G., 1988, *Women's Seclusion and Men's Honor: Sex Roles in North India, Bangladesh, and Pakistan*, Tucson: University of Arizona Press : Tucson.

Minturn,Leigh., 1993, *Sita's Daughters: Coming Out of Purdah*, New York: Oxford University Press.

Raheja,Gloria Goodwin & Gold,Ann Grodzins., 1994, *Listen to the Heron's Words : Reimagining Gender and Kinship in North India*, Berkeley: University of California Press.

Wadley, S.Susan., 1994, *Struggling with Destiny in Karimpur:1925-1984*, Berkeley: University of California Press.

八木祐子　一九九九「結婚・家族・女性―北インド農村社会の変容―」窪田幸子・八木祐子編『社会変容と女性―ジェンダーの人類学―』ナカニシヤ出版、三六―六五頁。

――――　二〇〇七「白いサリーと赤いシンドゥール―北インド農村の寡婦の物語」椎野若菜編『やもめぐらし―寡婦の人類学』、明石書店、一七四―一九二頁。

おわりに

フィールドワークとジェンダー、自己、年齢そしてシングル

文化人類学という学問は、本書のエッセイからもおわかりのように、人類学者がフィールドの人びととともに歳をとり、人生で出会う問題を共有しつつ、人生ともどもずっとかかわってなりたっている。歳を重ねるからこそ、経験することから見えてくること。その歳だからこそ、考えること、感じること。それが調査、研究に反映しない、というのはうそだろう。本書のなかでも、三〇代前半の人類学者だから、三〇代後半、四〇代、そして五〇代だからこそ土地の同年代と共感し見える問題、注目し考えることがそれぞれ現れている。とりわけ、「シングル」の問題は年齢というファクターが大きく反映されよう。つねに同年代の人に寄り添って、自分の問題として考えてしまうことになるのだ。

たとえば成澤エッセイでは、ロータスという少女の悩みを、少女の親友である筆者とともに、読者もいつのまにか感情移入して読むようになってしまう。少女が大人の女になっていく過程を見守るなかで、日本でいわゆる年頃である筆者が、未婚・子なしの立場ゆえにつきつけられる問題を複雑に追体験するのである。

フィールドの人びととの互いのかかわりあいのなかで自己にむきあい、自分の生き方を考えるという

行為は、人類学の根幹でもある。だがそれは実のところ、自明のことであると認識されつつも正面から扱われることはなかった。本書のエッセイという形式は、その「私」を表すことに向いているのではないだろうか。――しかし、それにしても、「私」を出すことが容易でないことは、全エッセイをお読みになるとお分かりのとおりである。

田所エッセイでは、当時の彼自身の、さしせまった問題――「もて」が「シングル」とセットになってとりあげられている。私も筆者と同じ大学院だったので、日本社会で「もてない」ことについて、一冊の本を前に真剣に、自己の問題として議論したのであろうその面子が思い浮かび、思わず苦笑してしまった。紙幅の関係で、男子院生たちの議論の部分をカットせざるを得なかったのがとても残念だ。

多くの社会では、異国からやってくる他者、そしてそれが一人の女性であるということに、土地の人は少なからず関心、もしくは疑心をもつ。そしてその女性の属性――年齢、未婚か既婚か、婚約者、恋人はいるか、子どもはいるか、どんな職業か、宗教、酒を飲むかタバコを吸うか等々についての関心度は、男性が一人で現れるよりもはるかに高いと思う。そうした高い関心のなかで、女性人類学者は自分のふるまい方、自分の在り方を考えさせられるのだ。また女性は、フィールドでつきあう人も慎重に考えねばならない。どこで眠るのか、誰と歩くのか、夜通しの儀礼などに参加するときにはなおさら注意が必要だ。また、とくにセクシュアリティに関しては気を遣う。性的対象となりうる存在であることを自覚し、直接的にアクセスされることにも、自らのフィールドでの立ち位置をふまえ対処せねばならない。

フィールドにおける経験がある程度長くなると、宇田川のように、フィールドの親しい友人たち、エイジメイトとともにざっくばらんに、イタリアと日本を比較しつつ自己の問題を話題にし、さかんに議論することにもなってくる。またその直接的なやりとりが、成澤、八木エッセイにもみられるように、フィールドに生きる女性たちの考え方、生き方にも影響を及ぼしていることもしばしばある。

このように、調査者（人類学者）自身のジェンダーと年齢、シングル、フィールドワークの問題、そして研究テーマは大きくかかわっている。だからこそ、人類学者はフィールドワークの成果を発表する際、自らの属性を曝《さら》すことに自覚的でなければならないと思う。

しかし、実際のところ、自分の属性もそのまま出してしまおうという文章にほとんど出会ったことがない。その意味でも、國弘エッセイはフィールドにおける彼女の心理的変化を、事細かに読者に提示している点で、注目すべきだろう。

ヒジュラに自分を受け入れてもらうための工夫をどうすべきか、彼らにどう見られているのか、見られなければならないか。それがゆえに生じる「対象」との距離の問題と、自分でも予期しなかった自然に生じた生理的嫌悪感。さらに、調査をしたい自分が「女である」「未婚のシングルである」という事実を、はじめにどう表し接するかによって、彼らとの関係の築き方、社会への受け入れられ方が変わってきてしまう。フィールドワークが行えるかどうかという大問題が、調査者のシングルとジェンダー、年齢というファクターにかかっているのだ。フィールドで直面した出来事を丁寧におった告白と自己分析には、異文化においてフィールドワークをする際に生じるさまざまな問題が凝縮され、提示されている。このように、異文化社会において調査する者はつねに自文化／社会とのはざまで、自らのもつ属性ゆえに、さまざまな葛藤をもたざるをえない。そうしたさまを書き記すことが本書の目的でもあったのだ。

女性人類学者と男性人類学者

「シングル」という問題設定でエッセイを書いてもらって、編者としてとても面白かったことがある。まず、エッセイという形で書くことに慣れていない方が多く、普段の論文形式から脱してもらうご苦労のあとが垣間見られたこと。また、このテーマとの距離や対し方に、ジェンダーによる違いがみられたことだ。がいして、男性人類学者は日本における男性の社会的環境について、また自分のフィールドにおけるシングルの状況においても、憂いを述べている。さらに興味深いのは、田所をのぞく男性執筆者の方がたは自分の問題として「シングル」について考えることにきわめてクールであり、あるいはそうあろうとしているかのようだ。

たとえば男性の執筆陣のエッセイからは、妻無用論から派生して女性から男無用論をつきつけられるか、とおそれているかのようなつぶやきが、端々に見受けられる。いくつか例をあげてみよう。ポリネシアは世界の自殺多発地域のひとつであり、『三行半』をつきつけられた男性の威信失墜と精神的打撃のありようとけっして無縁でないように思われる。クック諸島でも男性はつらいのだ」（棚橋）という（一六四頁）。また、花渕は「想像するのも恐ろしいが、実はすでに日本のあちこちでは、着々と離活の地下活動をしてきた女性たちが、寝ぼけまなこの夫の前に離婚届けをスッと広げる日々がくり広げられているのかもしれない」と書いている（一七八頁）。また田中は、「男たちがもっとも恐れているのは、シングル女性が獲得した新しい精神だ・・・嫌いなことには、はっきりNO！と言える精神。・・・強い意志をそなえた新しい女性たちが元気よく街を闊歩すれば、男たちはますます肩身が狭くなる」等々、男性たちの嘆きあるいは恐れのコメントがちりばめられている。それに比べ、女性人類学者たちの書き方はいたって前向きだ。自己と正面から向き合い、フィールドでのふるまい方、自分の立ち位置、日本での地位をよく考えている。

自らの出身の社会、そして特定の異なる文化をもつ社会に属し、二つの間をつねに行き来し、多様な世界をみつめている人類学者たち。異なる文化・社会を繊細に分析し、その土地の文脈を読み取り記述を試みている。今後はさらに「シングル」をはじめとする自文化へのまなざしと分析のとりくみが、問われてくるだろう。

本書は、私の勤務先である東京外国語大学アジア・アフリカ言語文化研究所で初めて立ちあげた共同研究プロジェクト「シングル」と社会—人類学的研究（二〇〇六〜二〇〇九年度）のメンバーとゲスト発表者の方々にご執筆いただいた。全メンバーの作品を収めることはかなわず残念だが、理論篇の準備もしており、読者の皆さまにはまたの機会を楽しみにしていただきたい。

最後になったが、本書が世にでるまでに大変お世話になった、御茶の水書房の編集者、橋本育さんにまず御礼申し上げたい。本書の出版の山場をむかえたとき、私はケニアにいることになってしまった。しかし運がいいのか悪いのか、ここ数年のケニアにおけるインターネット、通信関連の発展はめざましい。そのおかげで、ナイロビで原稿のやりとりをすることになり、国際電話でもうちあわせをした。私と同世代の編集者だからこそ、この「シングル」という題に取り組むパッションが合い、執筆者への細かい注文、全体のデザイン等つくりこむことができたと思う。ふたりであれこれ議論しながら決定していく共同作業はじつに楽しかった。また装丁をひきうけ、『やもめぐらし』につづき、美しく本書を仕上げてくださった（有）ＯＮのアートディレクター、西ノ宮範昭さん、デザイナーの山形まりさん、そして上品なイラストを描いてくださった藤島つとむさんにも御礼申し上げたい。ともに小さなアイディアを出し合い、ちりばめ、実現していく過程は本づくりの醍醐味だ。限られた時間で、細かな要望にも快く応じてくださり、こうして本書が完成し、心から嬉しく思う。多くの人が手にとってくれることを願っている。

二〇一〇年夏　涼しいナイロビにて

椎野若菜

妙木忍 ｜*Myoki Shinobu*　1977年生／東京外国語大学アジア・アフリカ言語文化研究所ジュニア・フェロー

1｜日本社会を研究の対象としています。2005年より観光の研究も始め、北海道定山渓温泉はその調査地の一つです。

2｜シングルを楽しむ女性たちの記事がしばしば雑誌に登場し、シングルを豊かに生きるための知恵も、世代を問わず、語られるようになった2000年代。戦後日本の主婦論争を研究していて、このような展開に出会うとは。ときにユーモラスに、ときに相対化して語る彼女たちのことばは、身近に感じられました。ふりかえれば、結婚・出産・仕事などのライフコース選択については人生をとおして考え続けていくのだろうと思っていた京都での大学院生時代、研究としても考えたくなり、思い立って東京へ。社会学を専攻。2002年春のことでした。そしていま、このように、「シングル」をキーワードとして人類学の研究者と交流させていただける機会を大切に思っています。

椎野若菜 ｜*Shiino Wakana*　1972年生／東京外国語大学アジア・アフリカ言語文化研究所

1｜1995年、初めてケニアに足を踏み入れ、2008年よりウガンダにも入る。ケニア・ルオ人社会の変化、家族親族、性、ジェンダーをみてきた。

2｜2010年8月27日、ケニア共和国の大きな節目のときにナイロビにいた。イギリスの植民地から独立した1963年以来の大きな出来事だ、とケニア人は口ぐちにいった。イギリスによる植民地化経験ののち、ケニア人自身の手によって憲法が作り替えられた。「Kenya Reborn（ケニア再生）」「We did it!（われわれはやった）」などという大きな見出しが連日新聞の一面や特集紙面をかざり、さかんに「平等」「権利」「アイデンティティ」「市民権」という言葉が紙面を躍った。とりわけ「部族主義」にとらわれないで生きていけるケニア市民、女性も男性と同じくさまざまな権利をもつ、といった期待が大きく語られている。ナイロビをはじめ村の女性たちが、男性たちとともにどうケニア社会を変えられるかじっくりとみていきたい。たとえば「シングル」で生きるという選択肢が無理なく組み込めるか…？少なくとも新憲法が発布されたそのときをケニア人と共有できたことが嬉しく、希望で心が高まっているのは確かである。

八木祐子 ｜*Yagi Yuko*　1959年生／宮城学院女子大学学芸学部国際文化学科

1｜北インド、ウッタルプラデーシュ州アザムガル県で1983年から調査中、これからも継続予定及び、北インド、ウッタルプラデーシュ州ワーラナスィー市で、2003年から調査中、これからも継続予定。

2｜シングルは、人生の段階あるいは形態の1つだと思います。インドの農村で生活していると、シングルでいることは、ほとんど考えられません。誰かがいつもそばにいる暮らしです。「モルギーさんの冒険」で描いたように、北インド農村の暮らしも大きく変化しています。それでも、日本に比べれば、家族やカーストなどの「共同体」はまだまだ生きています。「共同体」の支えのなかで、「シングル」も生きられるのではないでしょうか。新しい一歩を踏み出したモルギーさんを応援しながら、変わりつつある人々の暮らしをこれからも追い続けていきたいと思います。今年もインドの村に里帰りしてきます。

髪の毛をもち、白い肌の子どもを私にプレゼントして！」といってのけたある女性の発言は、多くの文化的含意をともないながら印象的だ。なお誤解が生じそうなので念のために言っておく―マヌス島のどこかに私を記念して「ジュン」という名の男児がいるが、それは私の子どもではない(笑)

棚橋訓 | *Tanahashi Satoshi* 1960年生／お茶の水女子大学大学院人間文化創成科学研究科

1｜1982年以来、ソロモン諸島、クック諸島、マーシャル諸島、ツバルなどのオセアニアの島世界で調査を続け、2年ほど前から八重山諸島(石垣島など）にも足を運び始めました。ヨーロッパ諸国や日本による近代オセアニアの植民地支配の影響について、現地社会の視点から研究を試みています。

2｜オセアニアの島々の歴史を顧みると、概して男性は、人生の一時期(それも比較的若いとき)に独り故郷の島を離れ、遠洋航海に身を投じることが良しとされていました。クック諸島にも「お前は[海上の］道に出て、王になった」という言い回しがあります。これは、大海に出て、独りを生きる経験が、島人としてのその後の成長に不可欠であることを指摘するものです。「独りの経験」を通じて「自分は何者なのか」を見い出そうと試みる男性の姿。いくぶんロマン化しすぎかもしれませんが、今でもクック諸島の女性が「萌え」て「イポ」にしたいのは、こうした経験を積み重ねて成長した男性のようです。

花渕馨也 | *Hanabuchi Keiya* 1967年生／北海道医療大学大学教育開発センター

1｜1993年からコモロ諸島での調査開始、2006年からマルセイユでの調査開始。現在も両地域での調査を継続中。

2｜最近になり、「咳をしても一人」(尾崎放哉）の句がわかるような気がしている。

幅崎麻紀子 | *Habazaki Makiko* 1966年生／山形大学男女共同参画推進室

1｜1994年から、ネパールにて調査をしています。途中、シンクタンクに勤務していた時期を除き、ネパールに通い始めて、早や15年、主にカトマンズ首都圏近郊農村で調査をしながら、開発や近代化の影響について、ジェンダーの視点から調査をしています。

2｜「結婚していなくて、子供がいなくて」と否定形で自分を形容しなければならなかった独身者たちを、肯定形で応えられる「シングル」という言葉で表し始めてから25年、でも相変わらず「結婚して、子どもがいて、それが普通」という価値観が主流である状況に変わりはない。いつになったら、「既婚、未婚、シングル、バツイチ･･･」と言わないで良い社会が来るのだろうか。それとも、シングルマザーや寡婦のための様々な制度を利用できる「シングル」であり続けた方がお得なのだろうか？フィールドの女性たちと寄り添いながら、これからもこの問題を考えていこうと思う。

岡田浩樹 ｜*Okada Hiroki* 1962年生／神戸大学国際文化学研究科

1｜韓国、日本、中国朝鮮族など。最近東アジアの多文化化の問題に関心を持っています。

2｜韓国のシングルは、日本人にとって微妙な問題です。私がある女性雑誌の記者に会ったとき、ちょっと「風変わりな」名刺をもらったことがあります。その名刺の名前の部分には「朴李 ××」とあり、朴は父親の姓、李は母親の姓で、自分は韓国の儒教的な家父長制度に反対する立場から、二つの姓を併記しているのだとのことでした。彼女は「岡田さんは人類学者なのだから世界にいろいろな家族のあり方があることを知っているはずですね。父親の姓だけを受け継ぐのはおかしいと思いませんか。」と問いかけてきました。その時、私は困り果てました。日本の植民地支配下で「創始改名」という儒教的な姓氏制度を変えようとした政策があり、これは日本人が「民族文化」の根源である家族すらも壊そうとした「植民地経験」のひとつとして記憶されています。だからこそ、日本人の眼で韓国のシングルを理解することに慎重にならざるを得ませんが、逆に自分たちの日本人の見方を考え直す可能性をもっています。

田中雅一 ｜*Tanaka Masakazu* 1955年生／京都大学人文科学研究所

1｜1982年からスリランカ・タミル人漁村で、1987年から南インドの門前町で、1998年から在日米軍基地で調査。

2｜今回はシングルの典型として寡婦を取り上げ、これを母《はは》的な女性と性的な女性との対立関係で考えたのですが、『愛のむきだし』（園子温監督、2008年）の主人公ユウ（父は神父です）の聖母マリアには、こうした対立図式があてはまらないように思われます。ユウは高校生なのに勃起できません。しかし、いつか聖母マリアに会えたら勃起できるだろうという啓示に導かれ、若い女性たちのスカートの中を激写します。聖母マリアは母であると同時に性的存在となってスカートの中に顕現するからです。因みに私は 2007年春の某学会で、なぜ男たちは社会的な地位を危険にさらしてまで女子高生のスカートの中を見ようとするのか、と問いかけ、パンツの縁から彼女の魂（つまり真理）がのぞいているからに違いない、その魂を手鏡で見ようとしているのだ、と論じたことがありますが、マリアにまでは至りませんでした。キリスト教でなくアニミスティックな霊魂の世界に馴れ親しんでいるからでしょうか。

馬場淳 ｜*Baba Jun* 1975年生／日本学術振興会特別研究員（PD）

1｜1999年以来、パプアニューギニアのマヌス州マヌス島で調査。2010年からは、ケニア共和国での調査を開始。

2｜私がちょうど20代後半の頃、「負け犬」論争が勃発し、未婚・非婚やシングルについて世間の注目が高まっていた。高校・大学の友人が次々と結婚していくそんな時期に、私は一方で、パプアニューギニアの結婚やシングルマザーたちをみつめていた。ここでも結婚は大きな関心事だが、（マスコミの煽りも多分に強い）日本のパラノイア的な現状と比較したときに感じ取ったのが、「シングルだってへっちゃらよ」というタイトルに託した「余裕」だった。ロマンチックな言い方になるが、自分らしく生きていく上で、この余裕はとても重要だと思う。そしてこの余裕は、日本にはない独特の言動やムードをつくりだしている。快活に、かつ愛くるしい表情で「あなたみたいな（ストレートな）

宇田川妙子 | *Udagawa Taeko* 1960年生／国立民族学博物館

1｜1986年にイタリアで調査を始めて以来、ローマの近郊や、北部のトレントをはじめ、イタリア各地での調査を継続している。

2｜シングルという言葉は、未婚者の増加など、つい社会問題と関連させて考えてしまいがちだが、実はもっと豊かな可能性を持つ言葉なのかもしれない。たとえば、「シングルである」ことと「(あえて) シングルになる」こと。前者が、シングルというレッテルの範囲内の問題だとしたら、後者は、実際にシングルであるか否かは別にして、あえてシングルという実践を行うことであり、そこにこそシングルのラディカルさが顔を出し、シングルという言葉の定義自体も変わってくる可能性もあるだろう。個人的には、そうした現場に、研究者としてだけでなく、一実践者として関与していきたいと思っている。

植村清加 | *Uemura Sayaka* 1974年生／東京国際大学人間社会学部

1｜フランスのパリ市・オー・ド・セーヌ県、東京など。移動と都市空間をテーマに、2001年から北アフリカからの移住者をめぐる調査や日本の首都圏で調査しています。今後は北アフリカ地域も希望。

2｜シングルについて私が関心を寄せたのは、人はどうやって一人で生きるかではなく、どうやって人と生きているかでした。このエッセイのもとになる研究会がはじまった頃の私は出産直後で、自分の時間はおろか両手すら空かない状況でした。不慣れな生活のなか、有縁・無縁の様々な方の手をお借りし、改めてフィールドの「シングルたち」のことを考えていました。人と関わりながら暮らしていく。地球の反対側に、ともに年をとる人たちがいることに励まされる日々です。読者の皆さんが、ここに登場する同時代を生きる多様な人々の人生のどこかに、自分にもありえたかもしれない生き方や、いまの暮らしをポジティブに思える瞬間を感じてもらえたら、と思っています。

高橋絵里香 | *Takahashi Erika* 1976年生／日本学術振興会特別研究員(PD)

1｜2002年5月から2004年1月まで、フィンランド西南部で高齢者福祉の調査。その後も、毎年夏に1〜2ヶ月の短期訪問を続けている。ただ、北欧の一番良い季節(6月〜8月) ばかりを経験するのはどうかという気がしてきたので、これからはもう少し寒くて暗い時期に行きたい。

2｜「シングル」であることを、社会がどう受け止めるのか。そこには、一人一人の人間を集団にまとめる圧力や、個々人の選択を周囲はどれくらい許容するのか、といった根本的な価値観が絡んでくるのだと思う。日本の場合、それは家族のかたちをめぐる規範として表出している。その規範がもう少し多様化していかない限り、結婚を選択しない人々は増え続けるし、独居高齢者は「社会問題」であり続けるだろう。

成澤徳子 ｜*Narisawa Noriko* 1979年生／京都大学大学院アジア・アフリカ地域研究研究科在籍

1｜ザンビア共和国南部州モンゼ県、2005年から3回・計1年半

2｜現代アフリカの農村を取り巻く社会経済的変化のなかでの村びとの経済実践を、ジェンダーの視点から調査研究しています。今回、シングルについて自分をさらけ出して考えてみると、日本では「負け犬」で、ザンビアでは「子ども」？と、なんだか怪しい雲行きに。研究は好きで続けているものの、いまはまだ学生で自分のことで精一杯。結婚や出産にはなかなか踏み出せないジレンマも抱えています。どちらも先行き不透明ですが、トンガ女性を見習いつつ、前進あるのみ。村びとからの子ども扱いには慣れたものの、いつか自身も妻や母として彼／女たちと付き合える日がくるかもしれないことを、密かに楽しみにしています。

田所聖志 ｜*Tadokoro Kiyoshi* 1972年生／東京大学大学院医学系研究科

1｜2002年から、パプアニューギニアのテワーダ社会を対象に、親族紐帯と共同体をテーマとした研究を続けています。医療と国際保健の研究にも関心を持っており、3年ほど前から、テワーダにおける村落保健の導入過程と、伝統医療と近代医療の利用状況に関する調査も始めました。医療と国際保健について、現地社会の視点からの研究を構想しています。

2｜テワーダの人びとは、大きな社会変化が進み始めて30年程度しか経っていない僻地で暮らしています。ここ 10年ほどの間に、就学や仕事を求めて村を離れる若者がとても増え、恋愛もそれにまつわる騒動も増えてきました。男性と女性の双方が相手を選びあうという傾向が、これからもっと強まるものと想像しています。彼らの「もて」の構造がいかに変化していくのか、今後も注視していきたいと思っています。

國弘暁子 ｜*Kunihiro Akiko* 1972年生／群馬県立女子大学文学部総合教養学科

1｜インドのグジャラート州を主たる調査対象地域としており、2007年、2009年にはカナダのバンクーバー、そして2010年にはタミルナード州でも調査を実施しています。

2｜インドのグジャラート州やタミルナード州で調査をしていると、初対面の人から配偶者の有無について聞かれますが、それに加えて必ずと言っていいほど兄弟の有無についても聞かれます。一人っ子である私は兄弟も姉妹もいないと答えると、私が非常にふびんだと言わんばかりの表情をされます。複数の親族成員との多様な絆の中で生きる彼らにとって、シングルの要素を二つも抱える私はとても可哀想な存在として映り、私自身も自分はなんて惨めなのだろうと思わされてしまいます。そして彼らは惨めな私を親族の一員同様に受入れてくれます。日本に帰ってくれば、親族の手を借りずとも一人で何でも自由にできてしまう世界が待っていて、私は実際にシングルライフをエンジョイしておりますが、ふとインドでの生活を思い出すと、親族のしがらみの中でしか味わえないような嬉しさや喜ばしさが妙に恋しくなります。

[編者紹介]
椎野若菜 | *Shiino Wakana* http://wakana-luo.aacore.jp/
東京都立大学大学院社会科学研究科社会人類学専攻単位取得退学、博士(社会人類学)。現在、東京外国語大学アジア・アフリカ言語文化研究所・准教授。
主な著書に『結婚と死をめぐる女の民族誌—ケニア・ルオ社会の寡婦が男を選ぶとき』世界思想社、2008年、編著『やもめぐらし—寡婦の文化人類学』明石書店、2007年、共編著『セックスの人類学』春風社、2009年、(奥野克巳、竹ノ下祐二らと共編)。

*Field+(世界を感応する雑誌)副編集長 http://www.aa.tufs.ac.jp/ja/publications/field-plus
東京外国語大学アジア・アフリカ言語文化研究所の活動をヴィジュアルに報告する新たな媒体として、2009年1月創刊。3号より販売開始。創刊号は、本書の前座ともいえる特集「『シングル』を生きる」を責任編集した。

*Fieldnet(フィールドネット:フィールド研究者の知と知をつなぐ)仕掛け人 http://fieldnet.aacore.jp
フィールドワークをする、分野を超えた研究者間のネットワークづくりをするため、2008年に立ち上げた。2010年9月現在、登録者390名。フィールドワークに必要なhow toの情報から、地域情報、研究情報の交換、交流を目的にウェブでの情報蓄積とワークショップ、オフ会を実施。

*東京外国語大学アジア・アフリカ言語文化研究所共同研究プロジェクト「『シングル』と社会—人類学的研究」(2007-2009年度)主査 http://single-ken.aacore.jp/
本書の執筆者以外にもメンバーはおり、おって理論編を出版する予定。引き続き、2010年度からは東京外国語大学アジア・アフリカ言語文化研究所共同研究プロジェクト「『シングル』と家族—縁(えにし)の人類学的研究」(2010-2012年度)を開始。

「シングル」で生きる —— 人類学者のフィールドから

2010年10月20日 第一刷第一版 発行

編者	椎野若菜
発行者	橋本盛作
発行所	株式会社 御茶の水書房 113-0033 東京都文京区本郷5-30-20 T 03-5684-0751 F 03-5684-0753
アートディレクター	西ノ宮範昭(有限会社ON・http://www.on-01.com/)
装丁	山形まり(有限会社ON)
イラスト	藤島つとむ
組版・印刷・製本	東洋経済印刷

Printed in Japan
ISBN978-4-275-00907-4 C1030

定価はカバーに表示してあります。乱丁・落丁はお取替えします。